Mona Schöffler
Wohnformen im Alter

Mona Schöffler

Wohnformen im Alter

Kaufmann Verlag

Bibliografische Information Der Deutschen Bibliothek

Die Deutsche Bibliothek verzeichnet diese Publikation in der Deutschen Nationalbibliografie; detaillierte bibliografische Daten sind im Internet über http://dnb.ddb.de abrufbar.

1. Auflage 2006

Printed in Germany
Umschlaggestaltung: Stefan Heß und Rolf Zilling
unter Verwendung eines Fotos © CORBIS
Hergestellt bei Freiburger Graphische Betriebe, Freiburg
ISBN 10: 3-7806-3026-5
ISBN 13: 978-3-7806-3026-1

Inhalt

Einleitung

Wohnen als elementarer Bestandteil unseres Lebens

Wohnen hat eine zentrale Bedeutung im Leben aller Menschen. Jeder Mensch hat mehr oder weniger das Verlangen nach einem Zuhause, das ihm oder ihr vertraut ist. Und gerade für ältere Menschen, die nicht mehr so mobil sind, wird die eigene Wohnung zum Mittelpunkt des alltäglichen Lebens. Wohnen dient dabei neben dem Schutz auch der Identifikation, der Kommunikation, dem Rückzug und der Erholung, und trägt damit zum Wohlbefinden und zur Lebensqualität jedes Einzelnen bei.

Jeder von uns wohnt aber nicht nur in seiner Wohnung, sondern auch in den privaten, halb öffentlichen und öffentlichen Räumen, der mittelbaren und unmittelbaren Umgebung. Die Grenze, wo Wohnen beginnt, ist individuell verschieden: Manche verlassen ihre Wohnung nur zum Einkaufen, andere wiederum pflegen den Kontakt zu Nachbarn beim Gespräch auf dem Flur und betrachten die nähere Umgebung als Erweiterung des Wohnraums.

Mit dem Alter gewinnt die innerhäusliche Lebensgestaltung an Bedeutung, denn der Aktionsradius wird mit der Beendigung der meist außerhäuslichen Berufstätigkeit und einer zunehmenden körperlichen Gebrechlichkeit geringer. Die Wohnbedingungen und das Wohnumfeld üben einen großen Einfluss auf die Kompetenzen bei der Alltagsgestaltung aus und diese werden mit zunehmendem Alter wichtiger, da die räumlich-sozialen Gegebenheiten stärker ins Bewusstsein rücken.

Der Ein- und Zwei-Personen-Haushalt ist die dominante Lebensform der älteren Frauen und Männer: 52,5 % der über 65-Jährigen leben allein, 40 % leben in einem Zwei-Personen-Haushalt.

Die Wohnungsfläche pro Person liegt bei einem älteren Haushalt im Durchschnitt bei 48,5 m^2 und wird einer Prognose der Bundesregierung zufolge bis 2010 auf 55,9 m^2 ansteigen.

Wohnbedürfnisse

Studien zeigen, dass ältere Menschen, die mit ihrer Wohnsituation zufrieden sind, eine positivere Zukunftsplanung haben, im körperlichen, seelisch-geistigen und sozialen Bereich aktiver sind, höhere Sozialkontakte haben und den Alltag positiver erleben.

Personen über 70 Jahre verbringen rund 20 Stunden am Tag in der Wohnung, im Haus oder Garten; Frauen noch etwas länger als Männer.

Als wichtigste Bedürfnisse bezüglich des Wohnens nennen ältere Menschen das Bedürfnis nach Sicherheit und Unabhängigkeit bzw. Selbstständigkeit. Hinzu kommt der Wunsch nach kontaktfördernden Räumen, die als Ersatz für die früher am Arbeitsplatz erlebten sozialen Kontakte dienen.

Ältere Menschen leben häufiger als jüngere Menschen in altem Wohnbestand, insbesondere auch in den neuen Bundesländern. Viele bleiben in der einmal bezogenen Wohnung über längere Zeit, man spricht in diesem Zusammenhang auch von einem „doppelten" Altern, nämlich dem der Bewohner und ihrer Wohnung. Viele Indizien sprechen dafür, dass Wohnungsmängel die Betreuung im Pflegefall erschweren bzw. ein Pflegebedarf zunimmt oder überhaupt erst entsteht.

Dennoch möchten viele Menschen trotz einer Beeinträchtigung ihrer selbstständigen Lebensführung durch die Wohnbedingungen nicht umziehen. Die meisten passen ihren Lebensstil, ihre Freizeitinteressen und ihre alltäglichen Tätigkeiten lieber der Wohnungssituation an: So wird z. B. eher ein Einkaufsdienst in Anspruch genommen, wenn man in der vierten Etage ohne Aufzug wohnt, oder das Telefon dient der Kontaktpflege und weniger der persönliche Besuch.

Der oftmals unterschiedlichen subjektiven Einschätzung der Wohnqualität lassen sich objektive Kriterien gegenüberstellen, die ein selbstständiges Wohnen unterstützen und wesentlich zur Lebensqualität beitragen:

- Barrierefreiheit[1] (sowohl in der Wohnung als auch im Wohnumfeld),
- Funktionalität der Einrichtung und Ausstattung mit Hilfsmitteln gemäß der individuellen Bedürfnisse und Erfordernisse,
- eine ausreichende Verkehrsanbindung der Wohnung,
- ein intaktes Wohnumfeld, um soziale Kontakte aufrechtzuerhalten.

Wohnformen für ältere Menschen

Spezielle Wohnformen für ältere Menschen gewinnen in den letzten Jahren immer mehr an Bedeutung, da sie zum einen eine selbstständige Lebensführung in der eigenen Wohnung bieten,

1 Ziel der Barrierefreiheit ist es, Menschen, gleich welchen Alters und welchen Kompetenzgrades, einen möglichst ungehinderten Zugang zur Umwelt zu verschaffen. Als Richtschnur für den Bereich der Wohnung dient die DIN 18025, Teil 2. Wesentliche Eckpfeiler sind schwellenlose Türen, eine Türbreite von mindestens 90 cm, die schwellenlose Zugänglichkeit der Wohnung, Bewegungsflächen innerhalb der Räume (auch für Rollstuhlfahrer, hier greift die DIN 18025, Teil 1).

zum anderen aber auch eine Absicherung im Bedarfsfall ermöglichen. Damit befriedigen sie die beiden Grundbedürfnisse Selbstständigkeit und Sicherheit.

Mittlerweile ist das Feld möglicher Wohnformen für die Meisten kaum mehr zu überschauen. Neben den klassischen Einrichtungen für ältere Menschen wie Alten- oder Pflegeheime sind in den vergangenen Jahren viele neue Wohnformen für ältere Menschen entstanden:

Eher neue Wohnformen für ältere Menschen:
- Gemeinschaftliche Wohnformen: Wohn- und Hausgemeinschaften, das Integrierte Wohnen und Mehrgenerationenwohnen
- Betreutes Wohnen: Service-Wohnen, das unterstützte Wohnen, begleitete Wohngruppen, Wohnstifte, Seniorenresidenzen
- Heimähnliche Wohnformen für Pflegebedürftige: Betreute Wohngruppen oder familienähnliche Hausgemeinschaften für Pflegebedürftige

Eher traditionelle Wohnformen für ältere Menschen:
- Altenwohnungen: Normale Wohnungen, die oftmals im sozialen Wohnungsbau errichtet wurden und vorrangig an ältere Menschen vermietet werden.
- Altenwohnheime: Zimmer/kleine Wohnungen mit Bad/WC und Küchenzeile, die in einem Pflegeheim integriert sind. Dieses Angebot richtete sich an Menschen, die sich noch selbst versorgen können, aber schon einen geringen Hilfebedarf haben, es wird heute kaum noch angeboten, da andere Wohn- und Pflegekonzepte entstanden sind.
- Pflege-/Altenpflegeheime: Angebot für Pflegebedürftige, die sich nicht mehr selbst zu Hause versorgen können.

Die nachfolgende Tabelle zeigt, wie viele ältere Menschen in den unterschiedlichen Wohnformen leben. Entgegen der gesellschaftlich verbreiteten Meinung lebt die überwiegende Mehrheit in der eigenen Privatwohnung und nur ein verschwindend kleiner Teil in den so genannten institutionalisierten Wohnformen.

Anteil älterer Menschen an den verschiedenen Wohnformen:

Wohnform	*Menschen über 65 Jahre*
Privatwohnung	ca. 93 %
Wohnstifte/Seniorenresidenzen/Wohnheime	ca. 1,5 – 2 %
Betreutes Wohnen	ca. 1,6 %
Alternative Wohnformen	unter 1 %
Altenpflegeheime	ca. 3 %

Nach: Kleine Datensammlung Altenhilfe, Kuratorium Deutsche Altershilfe, Köln 2003

Der entscheidende Unterschied der neueren Wohnformen zu den traditionellen institutionalisierten Einrichtungen der Altenhilfe ist, dass die feste Koppelung von Wohn- und Betreuungsangebot aufgehoben ist. Mittelpunkt ist immer eine selbstständige, möglichst barrierefreie, Wohnung mit einem bestimmten Maß an Betreuung bzw. nachbarschaftlicher Hilfeleistung.

Der Markt lässt sich grob in zwei Angebotsformen gliedern:

- Eigenständige Wohnanlagen, oft in Verbindung mit einer externen oder internen Sozialstation, die Pflege- und Betreuungsleistungen anbietet.
- So genannte alternative Wohnprojekte, die oft von den zukünftigen Bewohnern initiiert werden. Der Schwerpunkt

liegt hier auf dem gemeinschaftlichen Wohnen und der gegenseitigen Hilfeleistung.

Die nachfolgende Tabelle gibt Ihnen einen ersten Überblick über die verschiedenen neuen Wohnformen im Alter und ihre Besonderheiten.

Überblick über verschiedene Wohnformen im Alter:

Wohnform	*Charakteristika*	*Initiator*	*Vorteile*	*Nachteile*
Betreutes Wohnen	seniorengerechtes Wohnen in eigener Wohnung, Serviceleistungen, Miet- und Betreuungsvertrag	Wohnungsbaugesellschaften, private Anbieter, Wohlfahrtsverbände	Leistungen individuell wählbar, Sicherheit	evtl. Umzug bei schwerer Pflegebedürftigkeit
Seniorenresidenz	altengerechtes, gehobenes Wohnen in eigener Wohnung, umfangreiche Serviceleistungen, Heimvertrag	Private Anbieter, Stiftungen	Sicherheit, hoher Standard der Serviceleistungen	hohe Fixkosten, verpflichtende Serviceleistungen
Neue Wohnformen	eigene Wohnung / Zimmer in WG, Nachbarschaftshilfe, keine organisierten Serviceleistungen	Bewohner, Wohnungsbaugesellschaft	Einflussnahme und Mitgestaltung möglich und erwünscht, Förderung gegenseitiger Hilfe	evtl. Umzug bei Pflegebedürftigkeit, evtl. Gruppendruck

Umzug im Alter

Viele ältere Menschen möchten oder müssen im Alter noch einmal umziehen, weil sie auf Hilfe und Pflege angewiesen sind, die nicht mehr in der häuslichen Umgebung geleistet werden kann, oder weil sie ihre Wohnsituation den veränderten Lebensbedingungen und Lebenswünschen anpassen wollen. Wenn Sie eine Veränderung suchen, sollten Sie überlegen, was Ihnen an der neuen Wohnsituation besonders wichtig ist:

- Wenn Sie im Alter selbstständig und vor allem nicht alleine leben wollen, dann kommen für Sie am ehesten Wohnformen in Gemeinschaft in Frage.
- Wenn Sie im Alter so lange wie möglich selbstständig leben, bei Bedarf aber auch Unterstützung erhalten wollen, dann sollten Sie vor allem Wohnformen mit Betreuung in Betracht ziehen, z. B. betreute Wohnanlagen oder Wohnstifte/Seniorenresidenzen.
- Wenn Sie sich nicht mehr selbst versorgen können und hilfe- und pflegebedürftig sind, und die Sicherheit haben wollen, immer auf Hilfe zurückgreifen zu können, dann sind heimähnliche Wohnformen wahrscheinlich die beste Wahl für Sie. Wohnformen, wie sie hier beschrieben werden, kommen dann eher nicht in Frage.

Das vorliegende Buch erklärt Ihnen ausführlich, was die neuen Wohnformen Ihnen bieten und welche unterschiedlichen Angebote es dabei gibt.

Im ersten Teil erfahren Sie, was die wesentlichen Merkmale, Leistungsangebote und rechtlichen Regelungen der unterschiedlichen Wohnformen sind und mit welchen Kosten Sie rechnen müssen. Danach können Sie sicherlich besser einschätzen, welche Wohnform Ihre Bedürfnisse am ehesten erfüllt.

Im zweiten Teil erhalten Sie Hinweise, wie Sie bei der Suche nach der passenden Wohnung bzw. Wohnanlage vorgehen können und welche Besonderheiten Sie berücksichtigen sollten.

Im Anhang finden Sie einen Fragebogen, mit dessen Hilfe Sie Wohnanlagen, die für Sie in Betracht kommen, in übersichtlicher Form überprüfen und vergleichen können.

Betreutes Wohnen

Insbesondere in den letzten Jahren hat sich eine Wohnform zwischen dem selbstständigen Wohnen und dem Wohnen in einem Pflegeheim herausgebildet: das betreute Wohnen. Wenn Sie im Alter selbstständig leben, aber bei Bedarf auch professionelle Hilfe und Unterstützung erhalten wollen, kommen für Sie betreute Wohnformen in Frage.

„Betreutes Wohnen“ ist dabei ein Sammelbegriff für unterschiedlich organisierte Kombinationen von „Wohnen“ und „Betreuung“. Es werden dafür sehr unterschiedliche Bezeichnungen verwendet: So spricht man von betreutem Wohnen, Service-Wohnen, Wohnen mit Service, unterstütztem oder begleitetem Wohnen. Meist finden sich solche Wohnangebote in speziellen Wohnanlagen. Im Prinzip kann man auch in der eigenen Wohnung „betreut wohnen“, indem man Dienstleistungen wie Hausnotruf, haushälterische Unterstützung oder Pflege selbst organisiert.

Mit dem Begriff betreutes Wohnen verbindet sich jedoch vornehmlich das Wohnen in einer Wohnanlage: Hier sollen die Vorteile des privaten Wohnens mit den Vorteilen des Wohnens in einem Heim kombiniert werden. Die Privatheit, Autonomie und Selbstständigkeit des Einzelnen sollen erhalten bleiben, gleichzeitig soll ein hohes Maß an Sicherheit und Verfügbarkeit von Hilfe- und Betreuungsangeboten gewährleistet werden.

Ziel ist es, bis ins hohe Alter ein selbstständiges Wohnen zu erhalten, indem flankierend, je nach Grad der Hilfebedürftigkeit, Unterstützungs- und Pflegeleistungen in Anspruch genommen werden können.

Historisch betrachtet gab es zunächst Altenwohnungen, die sich gerade dadurch von heimähnlichen Institutionen unterschieden, dass keine Betreuung stattfand. Im Prinzip wurde also das Konzept „Altenwohnung“ um einen Betreuungsaspekt erweitert. Während im Altenpflegeheim ein für alle relativ gleiches Versorgungsangebot besteht, ist das Dienstleistungs- und Betreuungsangebot im betreuten Wohnen flexibel für jeden Einzelnen zu gestalten.

Die Angebote, die in irgendeiner Form Betreuung und altersgerechtes Wohnen miteinander koppeln, boomen in den letzten Jahren. Nach Schätzungen haben sich in Deutschland die Zahl der Wohnprojekte mit Service-, Betreuungs- und Pflegeangeboten für Senioren seit 1995 von rund 1.500 auf gut 4.000 im Jahr 2002 erhöht. Derzeit leben mindestens 150.000 ältere Menschen in diesen Wohnformen. Die Größe der Wohnanlagen liegt in der Mehrzahl bei einer Größenordnung von 60 bis 80 Wohnungen. Experten gehen davon aus, dass das Angebot auch in Zukunft noch zunehmen wird.

Betreute Wohnanlagen sind in der Vergangenheit vor allem von der Bauwirtschaft initiiert worden. Baugesellschaften sind die Träger, die vielfach Kooperationsverträge mit Dienstleistern – vorwiegend aus dem Bereich der Wohlfahrtspflege, die dann die Betreuungsleistungen übernehmen – schließen. In einigen Regionen haben sich auch Kommunen als Betreiber betreuter Wohneinrichtungen engagiert. Erst in den letzten Jahren treten verstärkt auch die Verbände der Wohlfahrtspflege selbst als Träger ganzer Wohnanlagen auf.

Fehlplanungen beim betreuten Wohnen, wie sie in der Vergangenheit vorkamen, sind vielfach darauf zurückzuführen, dass die Zielgruppe und ihre Bedürfnisse bei der Planung zu wenig berücksichtigt wurden. Denn eine Mitwirkung der Bewohner, z. B. bei Planung, Umsetzung und Betrieb, ist aufgrund der Trägerschaft eher selten gegeben.

Auch Wohnstifte oder Seniorenresidenzen werden zum Wohnen mit Betreuung hinzugezählt, auch wenn sie rein rechtlich oftmals als Heime gelten. Da sich jedoch das Wohn- und Betreuungsniveau erheblich vom normalen Betreuten Wohnen unterscheidet, wird diese Wohnform in einem eigenen Kapitel behandelt.

Im Vergleich zu Senioren im Normalhaushalt sind die Bewohner im betreuten Wohnen tendenziell eher Frauen und eher allein stehend. Das Einzugsalter liegt durchschnittlich bei knapp 78 Jahren. Entgegen der Annahme vieler Planer, dass ältere Menschen in eine betreute Wohnanlage ziehen, wenn sie noch selbstständig und mobil sind, zeigen die Praxiserfahrungen etwas anderes.

Bereits zum Zeitpunkt des Einzugs in das betreue Wohnen ist der Gesundheitszustand vieler Bewohner angeschlagen: So haben laut einer Studie 80 % der Älteren dauerhafte gesundheitliche Beschwerden, fast drei Viertel hab Geh- und Bewegungsbeschwerden, zwei Drittel haben Herz-Kreislauf-Probleme und jeder zweite hat Seh- und/oder Hörbeschwerden. In Baden-Württemberg lag bei einer Befragung der Anteil der regelmäßig Pflegebedürftigen in betreuten Wohnanlagen ca. dreimal so hoch wie in privaten Haushalten älterer Menschen.

Es lassen sich je nach dem Grad des Betreuungsangebotes bzw. der Organisation der Betreuung verschiedene Typen von betreuten Wohnanlagen unterscheiden:

Hausmeister-Modell

Hier leben Sie fast wie in einer „normalen“ Wohnung. Es gibt lediglich einen Hausmeister, der Sie „technisch betreut“, d. h. die Wartung der Gemeinschaftsflächen und kleinere Reparaturen in der Wohnung übernimmt. Um weitere Betreuungsleistungen wie haushälterische Hilfe, Hausnotruf etc. müssen Sie sich in der Wohnanlage selbst kümmern. Bei erhöhter Pflegebedürftigkeit müssen Sie in der Regel in ein Pflegeheim umziehen.

Betreutes Wohnen mit Ansprechpartner, aber ohne eigene soziale Dienste

Hier gibt es neben einem Hausmeister auch einen Ansprechpartner, der Sie bei sozialen Fragen berät und Ihnen notwendige Hilfen vermittelt. Diese Hilfen werden aber von externen Dienstleistern erbracht, die Anlage selbst hat kein soziales oder pflegerisches Angebot. Bei schwerer Pflegebedürftigkeit ist auch hier häufig ein Umzug in ein Pflegeheim nicht zu vermeiden.

Betreutes Wohnen mit Ansprechpartner und eigenem sozialen Dienst/Pflegestützpunkt/Pflegeabteilung:

Hier werden neben der sozialen Betreuung durch einen festen Ansprechpartner auch die sozialen und pflegerischen Leistungen durch einen sozialen Dienst, der in der Anlage angesiedelt ist, erbracht. Meistens gibt es in solchen Anlagen die Möglichkeit einer pflegerischen Rund-um-die-Uhr-Betreuung, so dass Sie bei Schwerstpflegebedürftigkeit nicht mehr umziehen müssen. Die Atmosphäre in solchen Einrichtungen ist allerdings häufig durch Pflege und Betreuung geprägt, insbesondere wenn die Wohnanlage schon länger am Markt ist. Man spricht in solchen Fällen auch vom „doppelten Altern“: dem des Gebäudes und der Bewohner.

Betreutes Wohnen in einer an ein Pflegeheim gekoppelten Wohnanlage

Hier können Sie in der Regel alle Dienstleistungen in Anspruch nehmen, die auch den Pflegeheimbewohnern angeboten werden. Manchmal müssen Sie aber bei dauerhafter Pflegebedürftigkeit in das Heim umziehen, wobei Ihnen dann zumindest die Örtlichkeit und die Personen schon vertraut sind.

Betreutes Wohnen im Hotelverbund
Wohnanlagen dieses Typs befinden sich in räumlicher und organisatorischer Nähe zu einem Hotel, sodass Serviceleistungen durch das Hotel erbracht werden. Pflegerische Dienstleistungen werden extern organisiert. Auch hier kann bei schwerer Pflegebedürftigkeit ein Umzug notwendig werden.

Bei all den unterschiedlichen Modellen und vielfältigen Vorstellungen vom betreuten Wohnen lassen sich gute und schlechte, preiswerte und völlig überteuerte Angebote finden. Insbesondere werden sehr unterschiedliche Betreuungsleistungen angeboten. Das Spektrum richtet sich von wenig Service bis hin zur Vollversorgung fast wie in einem Heim.

Man kann jedoch, bei allen Unterschieden, verschiedene Anforderungen an das betreute Wohnen formulieren, die diese Wohnform vom normalen Wohnen unterscheidet.

Wohnangebot

Im Idealfall bietet betreutes Wohnen eine zentral gelegene, barrierefreie und altersgerechte Wohnung. Notwendige Kriterien für eine betreute Wohnanlage sind bestimmte Anforderungen an den Standort und das Wohnumfeld der Einrichtung, die baulichen Standards der Wohnung und das Raumangebot sowie die Konzeption der Gemeinschaftseinrichtungen.

Die Wohnanlage sollte nah am Stadtzentrum liegen oder mit öffentlichen Nahverkehrsmitteln auch für mobilitätseingeschränkte Personen gut erreichbar sein. Damit Sie als Bewohner selbstständig leben und weiterhin am sozialen und kulturellen Leben teilhaben können, ist es wünschenswert, dass die wichtigsten Einrichtungen zur Deckung des täglichen Bedarfs zu Fuß erreichbar sind.

Analysen belegen jedoch, dass eine Reihe von betreuten Wohnanlagen keine zentralen Standorte haben und nicht selten „auf der grünen Wiese" geplant werden. Mit solchen zentrumsfernen Standorten soll das Ruhebedürfnis älterer Menschen befriedigt werden, wobei außer Acht gelassen wird, dass das Bedürfnis eher dahin geht, „mitten im Leben" zu wohnen.

Ein weiteres wesentliches Qualitätskriterium ist die Bereitstellung von – altersgerechtem – Wohnraum. Dazu gehört zunächst eine Wohnung, die eine selbstständige Haushaltsführung ermöglicht, d. h. außer einem Wohnbereich/Schlafbereich auch eine vollständige Küche sowie Bad/WC vorhält.

Die Frage, was eine für ältere Menschen geeignete Wohnung ist, wird heute weitgehend mit dem Begriff „Barrierefreiheit" gleichgesetzt. Der Zugang zur Wohnanlage und zur Wohnung wie auch die Wohnung selbst sollten grundsätzlich so gestaltet sein, dass keine baulichen Barrieren der Nutzung durch ältere Menschen entgegenstehen.

Es existieren DIN-Normen zur Barrierefreiheit: die DIN 18025 Teil 1 – rollstuhlgerecht für den privaten Wohnungsbereich – und Teil 2 – barrierefrei für den privaten Wohnungsbereich.

DIN-Normen sind vom Deutschen Institut für Normung e.V. herausgegebene technische Richtlinien. Sie haben den Zweck, allgemein anerkannte Regeln der Technik zu schaffen, damit in

Rechtsvorschriften oder in privatrechtlichen Verträgen auf diese Norm Bezug genommen werden kann.

Eine DIN-Norm ist eine Empfehlung technischer Art. Sie ist aus sich heraus nicht rechtsverbindlich und hat keinen Gesetzescharakter. Verbindlich werden DIN-Normen dann, wenn durch gesetzliche Regelung die Anwendung vorgeschrieben oder diese im privatrechtlichen Vertrag vereinbart ist.

Mit einer neuen DIN, der DIN-Norm 18030, sollen die bereits bestehenden Normen zur Barrierefreiheit zusammengefasst werden. Das Normungsvorhaben wurde bereits 2002 begonnen, ist aber bis heute noch nicht abgeschlossen, daher wird in diesem Buch auf die DIN 18025 Teil 1 und 2 Bezug genommen.

Der Vorlagenentwurf DIN 18030 enthält Planungsgrundlagen für die barrierefreie Gestaltung des gebauten Lebensraumes, um möglichst allen Menschen zu ermöglichen, ihn in der allgemein üblichen Weise, ohne besondere Erschwernis und grundsätzlich ohne fremde Hilfe zu nutzen. Auf diese Weise wird auch dem Benachteiligungsverbot nach Art. 3 Grundgesetz und dem Gesetz zur Gleichstellung behinderter Menschen Rechnung getragen.

Die Norm definiert, unter welchen technischen Voraussetzungen Gebäude und bauliche Anlagen barrierefrei sind. Die Norm richtet sich an Planer und Bauherren und berücksichtigt die Bedürfnisse insbesondere folgender Personengruppen: blinde und sehbehinderte Menschen; gehörlose, ertaubte und schwerhörige Menschen; Rollstuhlbenutzer auch mit Bewegungseinschränkungen des Oberkörpers; gehbehinderte Menschen; Menschen mit sonstigen Behinderungen; ältere Menschen; Kinder; klein- und großwüchsige Menschen.

Mittlerweile ist die barrierefreie Erschließung und Ausstattung betreuter Wohnanlagen gegenüber früher deutlich besser geworden, jedoch gibt es auch hier immer noch Mängel. Ein besonders häufiges Problem ist, dass nicht immer alle Räume der Wohnungen stufenlos erreichbar sind oder es an ausreichenden Bewegungsflächen in der Wohnung fehlt. Nur ein Teil der betreuten Wohnangebote erfüllt die Empfehlungen der DIN 18025 Teil 2 vollständig oder sichert diese auch vertraglich zu. Wenn die DIN 18025 Teil 2 nicht erfüllt werden, sollte zumindest die Möglichkeit einer Wohnraumanpassung gegeben sein.

Nach einer Untersuchung des Forschungsinstituts empirica verfügen die betreuten Wohneinrichtungen derzeit über 44 % Einzimmer- und 48 % Zweizimmerwohnungen, die Wohnungsgrößen liegen mehrheitlich zwischen 30 und 60 m^2. Insgesamt sind im betreuten Wohnen eine stark am öffentlich geförderten Wohnungsbau orientierte Größenfestlegung und starke Vereinheitlichung der Raumkonzepte festzustellen. Jedoch wächst vor allem der Bedarf an Zweizimmerwohnungen, Mindeststandard sind mittlerweile anderthalb Zimmer, sodass ein separater Schlafbereich vorhanden ist.

Verschiedene Untersuchungen belegen, dass ältere Menschen in das betreute Wohnen ziehen, weil sie nicht isoliert leben wollen. Daher kommen den Gemeinschaftsräumen eine besondere Bedeutung zu: Sie sollten gut erreichbar und architektonisch so gestaltet sein, dass sie die Kommunikation und das Miteinander der Bewohner fördern. Gemeinschaftsräume, die als Treffpunkte dienen, wie Aufenthaltsräume mit Teeküche oder Cafeteria, sollten daher zum Standardangebot betreuter Senioreneinrichtungen gehören.

Diese Räumlichkeiten werden allerdings immer wieder zu groß geplant, wodurch zu hohe Kosten verursacht werden, ohne dass die Wohnqualität wesentlich steigt. Zum Teil werden Räume für Tätigkeiten vorgesehen, die auf wenig Akzeptanz bei den

Bewohnern stoßen und nicht flexibel auf sich verändernde Bedarfe angepasst werden können. Praktische Erfahrungen belegen zudem, dass die Kommunikation bevorzugt in halböffentlichen Bereichen der Wohnanlagen stattfindet und ein kommunikationsfreundlich gestalteter Bereich, wie z. B. Sitzgelegenheiten im Eingangsbereich, oft die Basis für das Funktionieren eines offiziellen Gemeinschaftsraumes ist.

Grund- und Wahlleistungen

Ein Prinzip des betreuten Wohnens ist der Betreuungsservice: Ohne regelmäßige Betreuungsleistungen vor Ort kann es kein betreutes Wohnen geben. Was aber betreute Wohnanlagen als Betreuungsangebot anbieten und welche Leistungen zum Grund- und welche zum Wahlservice zählen sollten, darüber gibt es sehr unterschiedliche Auffassungen und in der Praxis sehr unterschiedliche Ausgestaltungen.

Das Dienstleistungsangebot betreuter Wohneinrichtungen besteht meist aus dem haustechnischen Service, aus individueller und sozialer Betreuung, hauswirtschaftlicher Unterstützung und der Hilfe bei Krankheit und Pflegebedarf. Diese Bereiche werden entweder pauschal oder in Form von wählbaren Dienstleistungspaketen angeboten und über Mietnebenkosten, Betreuungspauschale oder nach Inanspruchnahme abgerechnet.

Typisch für das betreute Wohnen ist daher, dass neben dem normalen Mietvertrag ein Betreuungsvertrag abgeschlossen wird. In diesem Vertrag werden die Betreuungsleistungen aufgeführt, die sich in so genannte Grund- oder Regelleistungen, die die Bewohner pauschal bezahlen müssen, und in individuelle Wahl- oder Sonderleistungen, die individuell abgerechnet werden, unterteilt. Das Angebot sollte durch entsprechende Beratung, Information und eindeutige vertragliche Regelungen transparent dargstellt werden und in einem angemessenen Preis-Leistungs-Verhältnis stehen.

Als Bewohner sollten Sie die Möglichkeit haben, unterschiedliche Serviceanbieter in Anspruch zu nehmen. Die Verpflichtung, Leistungen pauschal abzunehmen, sollte auf ein Mindestmaß beschränkt sein.

Als Minimalstandard sollte zu den Grundleistungen die individuelle Beratung wie Beratungs-, Informations-, Organisations- und Vermittlungsleistungen gehören. Der individuellen Betreuung kommt eine große Bedeutung zu, denn Bewohnerbefragungen zeigen, dass in der Praxis eher ein Zuwenig als ein Zuviel beklagt wird. Allerdings gibt es in diesem Bereich oftmals auf der Seite der Anbieter zu weit reichende Versprechungen und auf der Seite der Interessenten zu hohe Erwartungen. Dies kann, wenn keine eingehende Prüfung vor der Vertragsunterzeichnung stattfindet, zu Unzufriedenheit führen.

Eine regelmäßige und qualifizierte Beratung zu festgelegten Sprechzeiten sollte in der Grundpauschale enthalten sein. Es sollten Fragen zur alltäglichen Lebensführung, zur Beantragung von Pflegedienstleistungen beantwortet und Informationen über die angebotenen Dienstleistungs- und Freizeitangebote gegeben werden.

Bei zusätzlichen Leistungen wie z. B. das Angebot von Freizeitaktivitäten oder Unterstützung bei Hilfebedürftigkeit, die pauschal abgerechnet werden, sollten Einzelheiten in einem Konzept geregelt sein, in dem ausführlich der Leistungsumfang und die Qualität dargelegt werden. Dieses sollte dann Bestandteil der vertraglichen Vereinbarungen sein.

Neben der Beratung bieten viele Einrichtungen weitere Dienstleistungen an. Zum Standard und damit als Grundleistung gehört in diesen Kontext die haustechnische Betreuung d. h. die Wartung der technischen Anlagen, kleinere Reparaturen in den Gemeinschaftsräumen und die Pflege der Wohnanlage.

Strittig ist immer wieder, ob die Notrufsicherung auch zu den pauschalfinanzierten Grundleistungen zählen sollte. Von den Bewohnern betreuter Wohnanlagen wird sie sehr geschätzt: Über ein Hausnotrufsystem können Sie im Notfall direkt Hilfe herbeiholen.

Nach einer Untersuchung in Baden-Württemberg sind 91 % aller Einrichtungen mit einem Notrufsystem ausgestattet und bei 88 % ist das Notrufsystem rund um die Uhr besetzt.

Die Art und Weise der Organisation der Notrufsicherung ist in den betreuten Wohnanlagen aber unterschiedlich geregelt: Aufgrund der technischen Entwicklungen kann die Installierung eines Notrufgerätes mittlerweile in jeder Wohnung mit Strom- und Telefonanschluss innerhalb von 24 Stunden ermöglicht werden. Daher ist eine Notrufsicherung auch durch frei wählbare externe Hausnotruf-Dienste zu bewerkstelligen und kann so bei Bedarf installiert werden, sodass Sie auch erst dann dafür bezahlen müssten. Voraussetzung ist allerdings, dass der Hausnotruf nicht im Grundleistungspaket enthalten ist, sondern zu den Wahlleistungen gehört.

Insgesamt zeigen die praktischen Erfahrungen, dass die Grundleistungen nicht immer bedarfsgerecht auf die Nutzer abgestimmt sind und sie für Leistungen regelmäßig im Monat Pauschalen zahlen müssen, die sie nicht oder nur selten in Anspruch nehmen.

Neben den Grundleistungen, die die Bewohner pauschal bezahlen müssen, bieten die Einrichtungen zusätzliche Wahlleistungen an. Hierzu gehören z. B. kleine technische Hilfen in der eigenen Wohnung, hauswirtschaftliche Unterstützung – wie Essensdienste, Reinigungs- und Wäscheservice –, aber auch pflegerische Hilfen und Fahrdienste.

Sollten für Sie Wahlleistungen in Frage kommen, achten Sie darauf, dass sie im Vertrag möglichst detailliert aufgelistet und mit einer aktuellen Preisliste versehen sind.

Diese Wahlleistungen werden von den Betreibern selbst mit eigenem Personal angeboten oder durch externe Dienste erbracht, mit denen die Einrichtungen Kooperationsverträge abschließen. Befragungen zeigen aber, dass ältere Menschen deutlich seltener ins betreute Wohnen ziehen, um solche Serviceleistungen in Anspruch zu nehmen. Folglich werden viele der angebotenen Wahlleistungen nicht genutzt. Eine Studie in Augsburg ergab, dass nicht einmal jeder zehnte Bewohner einer betreuten Wohnung Haushaltshilfen, Einkaufs- oder Wäschedienste in Anspruch nimmt. Auch Pflegeleistungen wurden nur selten als Servicepaket gewählt.

Hinsichtlich der hauswirtschaftlichen Leistungen nutzen die meisten doch eher familiale Unterstützungsnetze und im Fall einer Pflegebedürftigkeit greifen viele auf professionelle Pflegeanbieter zurück.

Kosten

Wie das Leistungsangebot, so sind auch die Kosten für das Wohnen in einer betreuten Wohnanlage sehr unterschiedlich. Die Aussagekraft durchschnittlicher Preise ist aufgrund der Vielfalt an Angeboten und regionaler Unterschiede nur begrenzt. Je nach Wohnungsgröße und -ausstattung und abhängig vom Umfang der bereitgestellten Serviceleistungen und Gemeinschaftsflächen variieren die Preisspannen sehr stark. An Kosten müssen Sie berücksichtigen:

Kaltmiete

Zurzeit liegt die Nettokaltmiete bei freifinanzierten Wohnanlagen meist zwischen 4,10 und 21,50 €/m². 75% der Mieten liegen unter 10 €. Experten empfehlen, als Orientierung die ortsübliche Vergleichsmiete heranzuziehen und hierzu maximal einen Aufschlag von 20 % für eine besonders altersgerechte Ausstattung und entsprechende Gemeinschaftsräume anzulegen.

Öffentlich geförderte Sozialwohnungen in Betreuten Wohnanlagen sind erheblich preiswerter. In eine solche Wohnung können Sie aber nur einziehen, wenn Sie bestimmte Anforderungen erfüllen (z. B. Einkommens-/Altersgrenze). Zusätzlich müssen Sie eventuell mit der Zahlung einer Kaution rechnen.

Kaufpreise Eigentumswohnungen

Die Preise für Eigentumswohnungen liegen zwischen 1.560 und 4.340 € pro Quadratmeter. Hier liegen 75% der Preise unter 2.500 €/m². Hinzu kommen die Kaufnebenkosten wie Notargebühren und Grunderwerbssteuer.

Betriebs- bzw. Nebenkosten

Hier müssen Sie mit ca. 2 €/m^2 im Monat rechnen.

Betreuungspauschale/Grundservice

Grundservice – was dazugehören kann:

- Hausmeisterservice
- Notrufanschluss
- Nutzung der Gemeinschaftseinrichtungen
- Erreichbarkeit von Personal in dringenden Fällen
- Koordination und Vermittlung anderer Dienstleistungen wie ambulante Pflegedienste, Mahlzeitendienste, Friseur, Fußpflege u.ä.
- Beratung und persönliche Hilfestellung
- Angebote zur Förderung sozialer Kontakte

Je umfangreicher der Grundservice ist, desto höher fällt auch die Pauschale aus. Sie liegt für eine Person durchschnittlich zwischen 89 und 138 €/Monat. Die Unterschiede ergeben sich aus den verschiedenen Leistungsangeboten der Einrichtungen, nicht selten sind aber bei gleichen Angeboten große Preisunterschiede festzustellen.

Experten sehen für die Grundpauschale einen Kostensatz zwischen 70 und 110 € pro Monat für die Standardbetreuung einer Person mit Notruf, Hausmeister und Betreuungskraft vor Ort als angemessen an.

Kosten für Wahlleistungen

Berücksichtigen Sie in Ihrer Kalkulation auch die Kosten für die Wahlleistungen, die Sie zusätzlich in Anspruch nehmen wollen. Diese Kosten können mitunter beträchtlich sein, wenn Sie zum Beispiel regelmäßig in das Restaurant der Wohnanlage essen gehen oder an umfangreichen Freizeitangeboten teilnehmen.

Rechtliche Regelungen

Betreutes Wohnen ist rechtlich zunächst einmal eine ganz normale Wohnung, sodass Sie wie üblich einen Mietvertrag abschließen. Über die Betreuungsleistungen schließen Sie zusätzlich mit dem Betreiber einen Betreuungsvertrag ab.

Einen rechtlichen Schutz erhalten Sie durch die bestehenden mietrechtlichen bzw. verbraucherschutzrechtlichen Bestimmungen. Aber diese enthalten in der Regel wenige Informationen über die Vorschriften zur altersgerechten Gestaltung eines Wohnraumes und zur Gestaltung der Betreuungsleistungen. Letztendlich bindend sind daher die Regelungen, denen Sie in Ihrem Vertrag zustimmen.

Vertragsanalysen haben deutlich gezeigt, dass viele der Verträge im betreuten Wohnen die Leistungen und Kosten nicht klar und rechtlich einwandfrei regeln. Die ungenaue Definition, welche Leistungen eine betreute Wohneinrichtung umfassen muss, hat in der Vergangenheit dazu geführt, dass es immer wieder rechtliche Unklarheiten gab. Lange juristische Auseinandersetzungen hat es über die Frage gegeben, wo die Einrichtungen des betreuten Wohnens sozial- und ordnungsrechtlich zu verorten sind. Sind betreute Wohneinrichtungen normale Wohnungen, die unter die Schutzbestimmungen des Mietrechtes/des Wohneigentumsgesetzes fallen, oder sind es Altenhilfeeinrichtungen, die unter die Bestimmungen des Heimgesetzes fallen?

Diese Unterscheidung ist nicht nur für Juristen interessant, sondern hat ganz konkrete Auswirkungen für Sie als Bewohner: Wenn Sie in einer Einrichtung wohnen, die unter das Heimgesetz fällt, gelten andere Bestimmungen, die Ihre Rechte als Bewohner schützen. Es wird festgelegt, wie die bauliche Struktur zu sein hat, welches Personal vorgehalten wird und welche Mitbestimmungsrechte Sie z. B. bei Kostenerhöhungen haben. Darüber hinaus können Sie im Fall einer Pflegebedürftigkeit Leistungen aus der Pflegeversicherung für stationäre Einrichtungen beziehen, die umfangreicher sind.

Wenn Sie in einer Anlage wohnen, die nicht unter das Heimgesetz fällt, gelten die ganz normalen Bestimmungen des Miet- und Verbraucherschutzrechts. Im Fall einer Pflegebedürftigkeit können Sie die Leistungen der ambulanten Pflegeversicherung in Anspruch nehmen. Mit der Novelle des Heimgesetzes im Jahr 2002 hat der Gesetzgeber jedoch klar festgelegt, dass Anlagen des betreuten Wohnens nicht dem Heimgesetz unterliegen. In Satz 1, Abs. 2 des Dritten Gesetzes zur Änderung des Heimgesetzes wird die Abgrenzung betreuter Wohneinrichtungen zu Heimeinrichtungen wie folgt formuliert:

„Die Tatsache, dass ein Vermieter von Wohnraum durch Verträge mit Dritten oder auf andere Weise sicherstellt, dass den Mietern Betreuung und Verpflegung angeboten werden, begründet allein nicht die Anwendung dieses Gesetzes. Dies gilt auch dann, wenn die Mieter vertraglich verpflichtet sind, allgemeine Betreuungsleistungen wie Notrufdienste oder Vermittlung von Dienst- und Pflegeleistungen von bestimmten Anbietern anzunehmen, und das Entgelt hierfür im Verhältnis zur Miete von untergeordneter Bedeutung ist. Dieses Gesetz ist anzuwenden, wenn die Mieter vertraglich verpflichtet sind, Verpflegung und weitergehende Betreuungsleistungen von bestimmten Anbietern anzunehmen“ (§ 1 Abs. 2 HeimG).

Bei betreuten Wohnanlagen ist laut der gesetzlichen Regelung nur dann von einem Heim auszugehen, wenn neben der mietweisen Überlassung von Wohnraum und der rechtlichen Verpflichtung, allgemeine Betreuungsleistung abzunehmen, weitere Merkmale hinzutreten:

- Wesentlich ist, dass der Grundservice über Beratungs- und Vermittlungsdienste, Notrufsicherung und hausmeisterliche Dienstleistungen hinausgeht. Erst wenn im Betreuungsvertrag eine Betreuung angeboten wird, die der „heimmäßigen Versorgung“ entspricht, ist das Heimrecht anzuwenden.
- Anzeichen für eine „heimmäßige Versorgung“ können sein:
  - eine erhöhte Betreuungspauschale (erheblich über 20 % des monatlichen Mietentgeltes),
  - Angebote von Gemeinschafts- oder Therapieräumen,
  - Angebote der sozialen Betreuung,
  - Angebote der Tagesstrukturierung oder
  - sonstige Angebote, die ein Zusammenleben der Bewohner ermöglichen,
  - ebenso Angebote einer Rundumversorgung und Gewähr einer umfassenden Versorgung nach individuellen Bedarfslagen im Sinne einer Versorgungsgarantie.

Der Gesetzgeber hat mit dieser Abgrenzungsdefinition dafür Sorge getragen, dass die meisten betreuten Wohnanlagen zurzeit nicht unter die Bestimmungen des Heimgesetzes fallen. Ausnahmen bilden wie schon erwähnt Wohnstifte/Seniorenresidenzen aufgrund ihrer nahezu verpflichtenden Vollversorgung und Betreuung.

Von den meisten Betreibern wurden in der Vergangenheit bereits die betreuten Wohneinrichtungen als ganz normale Wohnungen eingestuft, denen nur etwas – nämlich Betreuung – hinzugefügt wird. Sie schließen mit den Bewohnern einen Miet- und einen Betreuungsvertrag, in dem die Leistungsansprüche geregelt sind. Beide Verträge werden rechtlich aneinander gekoppelt, d. h. der eine Vertrag kann nicht ohne den anderen Vertrag aufgelöst werden. Wenn die Dienstleistungen durch den Betreiber nicht selbst erbracht werden, schließt er Kooperationsverträge mit Dienstleistungsanbietern, z. B. Wohlfahrtsverbänden, ab. In diesem Fall sind die Bewohner verpflichtet, von diesem Anbieter die Betreuungsleistungen abzunehmen und haben nicht die Möglichkeit der freien Auswahl.

Aufgrund dieser Verpflichtung, d. h. der Koppelung der Verträge, gab es in der Vergangenheit immer wieder Gerichtsurteile, dass betreute Wohneinrichtungen nicht als normale Wohnungen, sondern als Altenheime einzustufen sind. Das Oberverwaltungsgericht Münster entschied 1999 in einem viel beachteten Verfahren, dass Einrichtungen des betreuten Wohnens als Heim angesehen werden können und damit unter die Schutzbestimmung des Heimgesetzes fallen. Dieses Urteil wurde von anderen Gerichten immer wieder bestätigt. Die betreuten Wohnanlagen waren nach diesen Richtersprüchen Heime, weil sie neben der „Überlassung der Unterkunft" auch „Verpflegung und Betreuung gewähren oder vorhalten". Damit das Heimgesetz gilt, müsse für die Mieter keineswegs die Verpflichtung bestehen, bestimmte Verpflegungs- und Betreuungsleistungen auch tatsächlich abzunehmen. Es reiche aus, wenn diese Leistungen im Bedarfsfall ermöglicht und sichergestellt werden.

Nach diesen Gerichtsurteilen musste die Mehrheit der Betreiber von betreuten Wohneinrichtungen ihre Einrichtung als Heim im Sinne des Heimgesetzes betreiben, da die Miet- und Betreuungsverträge meistens miteinander gekoppelt sind.

Das Problem war, dass nach diesen Urteilen und den damit verbundenen Konsequenzen sich Anbieter zurückhaltend verhielten mit Investitionen, da es wesentlich aufwändiger ist, eine Einrichtung im Sinne des Heimgesetzes zu führen.

Die Seniorenorganisationen protestierten ebenfalls, da nach ihrer Auffassung viele ältere Menschen in betreute Wohneinrichtungen gezogen sind, weil sie gerade nicht in ein Heim wollten und nun doch den Bestimmungen des Heimgesetzes unterlagen.

Durch die Gesetzesentscheidung im Jahr 2002 wurde diese Problematik aber entschärft, jedoch gibt es weiterhin rechtliche Auseinandersetzungen um die Thematik der Betreuungsverträge: Verschiedene Gerichte haben im Rahmen von Rechtsstreitigkeiten zwischen Betreibern von betreuten Wohnanlagen entschieden, dass es sich bei diesen Verträgen um Dienstleistungsverträge handelt und damit die gesetzlichen Kündigungsvorschriften greifen. Somit dürfte der Betreuungsvertrag – wenn er zeitlich nicht befristet abgeschlossen ist – bis zum 15. eines Monats für den Schluss des Kalendermonats gekündigt werden. Gleichzeit dürften die Betreuungsverträge nur auf maximal zwei Jahre befristet abgeschlossen werden.

Für viele Betreiber, aber auch für viele Bewohner bedeuten diese gerichtlichen Entscheidungen nun eine erneute Verwirrung. Die Betreiber befürchten, dass mit einer solchen rechtlichen Regelung das Konzept des betreuten Wohnens nicht mehr aufrechterhalten werden kann, da Wohnen und Betreuung miteinander verbunden bleiben sollen. Andere halten die konsequente Anwendung der allgemeinen Verbraucherschutzvorschriften für richtig, solange es keinen gesetzlich geschützten Begriff „betreutes Wohnen“ gibt. Rechtlich endgültig geklärt ist auch dieser Sachverhalt noch nicht.

Andere Gerichte sind der Anwendung dieser verbraucherrechtlichen Bestimmungen nicht gefolgt, sodass zurzeit eine rechtlich unklare Situation besteht. Es ist zu erwarten, dass es auch in Zukunft weitere juristische Unklarheiten über die sozial- und ordnungsrechtliche Verortung dieses Wohnangebotes geben wird.

Der Vertragsgestaltung kommt daher große Bedeutung zu: Sie bedarf einer intensiven Prüfung vor einem endgültigen Abschluss. Die Grundleistungen sollten im Vertrag exakt benannt werden und die regelmäßigen Kosten sollten klar aufgelistet werden. Leistungen wie „kleine handwerkliche Hilfen" können leicht zum Streit führen, weil die Einschätzungen, was konkret gemeint ist, auseinander gehen können. Daher ist es ratsam, dass der Betreiber die Betreuungsleistungen gesondert und detailliert beschreibt, etwa in einem „Betreuungskonzept". Dieses wird dann Vertragsbestandteil, sodass Sie sich bei Streitigkeiten darauf berufen können. Der Fragebogen im Anhang hilft Ihnen, etwaige schwammige Leistungsformulierungen zu hinterfragen.

Qualitätssiegel für betreutes Wohnen

Die fehlende gesetzliche Definition, was genau unter betreutem Wohnen zu verstehen ist, hat in der Vergangenheit zu Verwirrung und Fehlentwicklungen geführt. Es gab leider immer wieder schwarze Schafe, die an den Bedürfnissen vorbeigeplant haben. Ebenso war es eher unklar, was für Leistungen unter dem Namen betreutes Wohnen zu erwarten sind. Teilweise wurden Einrichtungen an schlechten Standorten gebaut oder es wurden nicht zu vermarktende Immobilien als betreute Wohnanlagen umdeklariert, ohne sie auch nur annähernd an den Bedarf der Senioren anzupassen. Manche Anbieter versprachen Leistungen, die sie nicht halten konnten, oder hielten zu völlig überhöhten Preisen Angebote vor.

Nicht wenige Verbraucher fühlten sich überfordert, das für sie passende Wohnangebot auszusuchen. So entstand eine breite

Diskussion, wie man die Qualität dieses Wohnkonzeptes sichern könnte. Seit Mitte der 90er-Jahre gibt es daher Bestrebungen, Qualitätsstandards für das betreute Wohnen zu schaffen und in gewisser Weise verbindlich zu machen. Manche plädieren jedoch auch dafür, keine Anforderungen zu definieren, um die Vielfalt im betreuten Wohnen nicht zu beschränken. Sie gehen davon aus, dass der Wettbewerb die „schwarzen Schafe" schon vom Markt verdrängen wird. Andere Experten sind demgegenüber der Auffassung, dass die Verbraucher dahingehend zu schützen sind, dass sie eine wohl abgewogene Entscheidung für eine bestimmte Wohnanlage treffen können. Sie fordern folgerichtig verbindliche Standards, um eine bessere Vergleichbarkeit und Beurteilung zu ermöglichen.

Von politischer Seite wurde stets betont, dass man die Vielfalt des betreuten Wohnens nicht beschneiden wolle. Daher hat man auch bei der Heimgesetznovelle 2002 konsequent auf eine so genannte positive Definition, d. h. welche Leistungen betreute Wohneinrichtungen vorhalten sollten, verzichtet. Auch für die nähere Zukunft sind keine gesetzlich verbindlichen Vorgaben für Leistungsstandards im betreuten Wohnen zu erwarten.

Da von gesetzlicher Seite keine Festschreibung von Standards erfolgt ist, hat man in der Vergangenheit nach Verfahren zur freiwilligen Qualitätssicherung gesucht. Um den geförderten Bereich an bestimmte Qualitätsstandards zu binden, wurden in einigen Bundesländern Vorgaben bei der Vergabe von Fördermitteln zugrunde gelegt. Für den frei finanzierten Bereich hat man Qualitätssiegel entwickelt, um die Anbieter freiwillig einer Qualitätskontrolle zu unterziehen. Mittlerweile gibt es eine ganze Reihe von Bundesländern und sogar einzelne Städte, die Qualitätssiegel vergeben oder dabei sind, diese zu entwickeln. Erkundigen Sie sich bei den Wohnberatungsstellen oder der Verbraucherzentrale, ob es für Ihre Stadt oder Region ein eigenes Qualitätssiegel gibt.

Das älteste Qualitätssiegel stammt aus Baden-Württemberg. Es existiert seit 1995 und wird oftmals als Grundlage für die Planung neuer Anlagen herangezogen. Seit 2001 vergeben Sachsen-Anhalt und Bayern jeweils ein Qualitätssiegel. Ebenso vergibt die BAGSO (Bundesarbeitsgemeinschaft der Seniorenorganisationen) ein eigenes Qualitätssiegel. In Nordrhein-Westfalen (NRW) existiert seit Mai 2004 ein Qualitätssiegel für betreute Wohnanlagen, das vom Kuratorium „Qualitätssiegel Betreutes Wohnen für ältere Menschen NRW“ vergeben wird. Das Qualitätssiegel in Sachsen-Anhalt hat sehr allgemeine Anforderungen und konkretisiert primär bauliche Anforderungen. Zu den Anforderungen im Betreuungsbereich werden aber kaum Angaben gemacht. Demgegenüber sind die Anforderungen in Bayern sehr dezidiert und nähern sich in einigen Bereichen eher den Standards von Heimeinrichtungen.

Seit Mitte 2002 hat sich beim Deutschen Institut für Normierung (DIN) eine Arbeitsgruppe zusammengefunden, um eine Dienstleistungsnorm mit bundeseinheitlichen Standards für das betreute Seniorenwohnen zu entwickeln. Noch in diesem Jahr wird eine Veröffentlichung der DIN-Norm 77800 „Betreutes Wohnen“ erwartet. Sie wird als Dienstleistungsnorm verstanden, sodass keine baulichen Standards im Mittelpunkt stehen, sondern die enthaltenen Dienstleistungen. Die Normvorlage definiert betreutes Wohnen als ein „Leistungsprofil für ältere Menschen, die in einer nach Lage, Zuschnitt und Ausstattung barrierefreien Wohnung entsprechend DIN 18030 (löst die DIN 18025 ab) leben, bei dem das Dienstleistungsangebot aus Grundleistungen und aus Wahlleistungen besteht“.

Nach Auffassung des Norm-Ausschusses liegt betreutes Wohnen nur dann vor, wenn mindestens zeitweise Betreuungskräfte als Ansprechpartner in der Wohnanlage zur Verfügung stehen und die benötigten Dienstleistungen und Aktivitäten organisieren.

Diskussionspunkte sind zurzeit noch die Inhalte der Prüfkriterien zur Qualität der Betreuungsleistungen und der Arbeitszeiteinsatz sowie die Kosten der Betreuungskräfte.

Die Betreiber von betreuten Wohnanlagen haben demnach Informationspflichten bezüglich der Wohnanlage, der Wohnung, der Grund- und Wahlleistungen, Kosten und Finanzierung und des Betreuungskonzepts.

Die DIN-Norm soll als Referenz für bundesweite Zertifizierungsverfahren dienen.

Bisher erleichtert die Entwicklung der vielen unterschiedlichen Qualitätssiegel die Auswahl nach einer geeigneten Einrichtung nicht unbedingt:

- Problematisch sind die sehr unterschiedlichen Standards der einzelnen Qualitätssiegel, sodass man sich im Prinzip zunächst die Kriterien anschauen müsste.
- Die Zertifizierungsverfahren stoßen in der Praxis bisher auf wenig Akzeptanz. Es gibt immer noch wenige betreute Wohnanlagen und viele haben auf dem örtlichen Wohnungsmarkt eine Monopolstellung, sodass sie sich durch eine solche Zertifizierung keine weiteren Wettbewerbsvorteile versprechen.
- Ebenfalls sind die Kosten für den Erwerb der Siegel und die Institutionen, die die Prüfverfahren durchführen sehr unterschiedlich: Während eine Wohnanlage mit rund 50 Wohneinheiten in Baden-Württemberg ca. 2.600 Euro für den Erwerb des Qualitätssiegels zahlen muss, fordert man in Bayern

bei Neubauten derselben Größenordnung ca. 35.000 Euro. Dies erhöht nicht unbedingt die Bereitschaft der Betreiber, sich dem Zertifizierungsverfahren zu unterwerfen.

Die bisherigen Erfahrungen zeigen, dass der Umgang mit den Siegeln in der Praxis nicht unproblematisch ist und der Markt des betreuten Wohnens durch die Qualitätssiegel nicht immer transparenter geworden ist. Dennoch kann Ihnen ein Qualitätssiegel Informationen über das Angebot und die Qualität der Wohnanlage geben. Lassen Sie sich die Vergabekriterien genau erläutern und fragen Sie gegebenenfalls auch bei der Zertifizierungsstelle nach.

Bedenken Sie jedoch, dass Sie auch bei einer zertifizierten Wohnanlage sehr genau testen müssen, ob alles Ihren Wohnwünschen entspricht. Ein Qualitätssiegel kann nur die Erfüllung allgemeiner Mindeststandards sicherstellen, aber nicht, ob Ihre individuelle Bedarfslage dort auch angemessen berücksichtigt wird. Sie können sich auch in einer zertifizierten Wohnanlage sehr unwohl fühlen, wenn die Lage nicht stimmt oder die Wohnung nicht Ihren Bedürfnissen entspricht.

Zusammenfassung

Betreutes Wohnen ist eine Wohnform, die durch bauliche Gegebenheiten und flankierende Serviceleistungen ein selbstständiges Wohnen bis ins hohe Alter gewährleisten kann.

Vorteile des betreuten Wohnens:

- Sie wohnen selbstständig in einer altengerechten Wohnung, d. h. die Wohnung hat keine Stufen oder störenden Schwellen, sodass Sie auch bei körperlichen Einschränkungen dort wohnen können.

- In der Wohnanlage befinden sich Gemeinschaftsräume, in denen Sie sich zu Veranstaltungen oder ganz spontan mit Ihren Nachbarn treffen können.
- Sie erhalten ein Paket von Grundleistungen, für das Sie eine monatliche Pauschale bezahlen. Diese Grundleistungen beinhalten meistens einen Hausmeisterservice, Beratung durch einen Ansprechpartner in der Wohnanlage sowie Vermittlung von anderen Dienstleistungsangeboten.
- Bei Bedarf können Sie weitere Leistungen wie haushälterische Hilfe oder Pflegedienstleistungen hinzuwählen.
- Mittels eines Hausnotrufs haben Sie die Sicherheit, im Notfall schnell Hilfe herbeiholen zu können.

Nachteile des betreuten Wohnens:

- Betreutes Wohnen bietet keine Vollversorgung. Bestimmte Leistungen müssen sie hinzukaufen und es gibt keinen regulierten Tagesablauf wie in einem Heim. Sie sollten in der Lage sein, Ihren Haushalt – weitestgehend – selbstständig zu führen.
- Sie müssen ein bestimmtes Grundpaket von Leistungen bezahlen, egal, ob Sie diese Leistungen benötigen oder nicht. Nicht alle Leistungen sind also frei wählbar.
- Häufig leben Sie in der Wohnanlage nur mit älteren Menschen zusammen, sodass eine Nachbarschaft, die sich aus jüngeren und älteren Menschen zusammensetzt, nicht gegeben ist.
- Wenn Sie schwer pflegebedürftig werden, müssen Sie in vielen Anlagen des betreuten Wohnens aus- bzw. umziehen, da die pflegerische Betreuung in solchen Fällen nicht gewährleistet ist. Die hundertprozentige Sicherheit, nicht mehr umziehen

zu müssen, kann Ihnen das betreute Wohnen in der Regel nicht bieten.

Problematisch ist die fehlende Transparenz der Angebote, da die Variationsbreite der Leistungsangebote und auch die unterschiedlichen Kostenstrukturen im betreuten Wohnen erheblich sein können. Es gibt keine gesetzlichen Regelungen, die festlegen, welche Leistungsangebote zu welchen Kosten diese Wohnform umfassen sollte. Es gibt auch keine Kontrollinstanz, die darüber wacht, dass bestimmte Leistungsstandards eingehalten werden.

Es bedarf also einer sorgfältigen Auswahl der Wohnung bzw. der Wohnanlage und eingehender Prüfung der Verträge.

Wohnstifte/Seniorenresidenzen

Wohnstifte bzw. Seniorenresidenzen zählen ganz allgemein zum betreuten Wohnen, da sie ebenfalls das selbstständige Wohnen mit der Sicherheit von Leistungen bei Unterstützung und Pflege verbinden. Dennoch weisen sie einige Unterschiede bzw. Besonderheiten auf.

Wohnstifte/Seniorenresidenzen bieten eine unterschiedliche Anzahl von abgeschlossenen altengerechten Wohnungen an, die in einen hotelähnlichen Gesamtkomplex eingebettet sind. Meist verfügen sie über einen hohen Anteil an Nebenflächen und damit verbundenen Dienstleistungen, wie z. B. Restaurant, Schwimmbad, Gymnastikraum, Friseur, SB-Laden, Rezeption. Im Bedarfsfall wird die Pflege in der eigenen Wohnung sichergestellt, einige Anbieter haben auch einen separaten Pflegebereich angeschlossen.

Die Träger sind meist privat (Residenz) oder eine Stiftung bzw. ein eingetragener Verein (Wohnstift).

Von der Konzeption bietet ein Wohnstift/Seniorenresidenz ein ähnliches Angebot wie das betreute Wohnen, allerdings sind in einem Wohnstift/Seniorenresidenz viele Angebote schon pauschal abgegolten. Insbesondere die Kommunikation der Bewohner untereinander wird aktiv gefördert durch Veranstaltungen wie Konzerte, Lesungen, Hobbykurse o. ä.

Ein weiterer Unterschied zum betreuten Wohnen ist, dass der Standard sehr hoch ist, sowohl in baulicher Hinsicht als auch im Umfang der Dienstleistungen. Des Weiteren ist in den meisten Anlagen gewährleistet, dass Sie auch bei Pflegebedürftigkeit in der Wohnung bzw. Wohnanlage verbleiben können.

Der gehobene Wohnstandard und die oftmals schon im Preis eingeschlossenen Dienstleistungen sowie die großzügig bemessenen Nebenflächen, die auch charakteristisch für Seniorenresidenzen sind, schlagen sich auch in einem höheren Preis nieder. Wohnstifte/Seniorenresidenzen erfüllen im Prinzip die gleichen Wohnbedürfnisse wie im betreuten Wohnen: Ein unabhängiges, selbstständiges Leben in der eigenen Wohnung mit der Sicherheit, im Bedarfsfall dort auch versorgt zu werden, und das – organisierte – Angebot zu Kontakten und Begegnungen mit Gleichgesinnten.

Wohnstifte blicken auf eine sehr alte Tradition zurück: Sie wurden ursprünglich als mildtätige Stiftungen im 13. bis 15. Jahrhundert gegründet und stellten eine eigenständige Alterssicherung für bürgerliche Schichten dar. Durch „Einkauf" erwarb man sich ein Wohnrecht im Stift. Die Wohnungen waren kleine Appartements mit Wohn- und Schlafzimmer, Küche, Keller und Bodenraum. Es gab keine Vorschriften bezüglich der Aufsteh-, Ausgangs- und Schlafenszeiten, auch keine Gemeinschaftsverpflegung, jedoch erfolgte bei Bedarf Hilfestellung durch Dienstmädchen. Aufgenommen wurden damals vorwiegend ledige Frauen aus bürgerlichen Kreisen, die sich nicht auf familiäre soziale Netze verlassen konnten. Man schrieb sich in eine Warteliste ein und zahlte eine Einkaufssumme, die nach Alter gestaffelt war. Das Eintrittsalter lag zwischen dem 40. und 60. Lebensjahr.

In den 1960er-Jahren wurde der Stiftsgedanke wieder aufgegriffen und es entstanden erste Wohnstifte; die Träger waren entweder Stiftungen oder eingetragene Vereine. Daneben bauten auch private Investoren solche Wohnanlagen, die sie moderner als Seniorenresidenz bezeichneten.

Große, überregionale Anbieter sind u. a. das Collegium Augustinum e.V., das Kuratorium Wohnen im Alter (KWA) oder die

Rosenhof Seniorenanlagen. Aber es gibt auch kleinere, regionale Anbieter.

Wohnstifte/Seniorenresidenzen sind die klassischen Vorläufer des heutigen betreuten Wohnens, denn sie verbanden schon immer das selbstständige Wohnen mit Hilfe- und Betreuungsleistungen, aber auch mit anspruchsvollen Kultur-, Bildungs- und Gesundheitsangeboten.

Heute existieren rund 600 Wohnstifte und Seniorenresidenzen in Deutschland, oft in Urlaubsorten wie Diessen am Ammersee oder Rottach-Egern am Tegernsee, aber auch in innerstädtischen Lagen in größeren Städten.

Der Name „Stift" oder „Residenz" ist nicht geschützt und es gibt keine klar definierten Leistungsstandards. In der Regel stehen sie jedoch für das obere Segment der Wohnformen im Alter – sowohl vom Angebot als auch vom Preisgefüge her. Hinter dem Residenzbegriff können sich jedoch auch preisgünstige Wohnmodelle oder eine betreute Wohnanlage mit durchschnittlichem Service verbergen.

Wohnen und Service

Wohnstifte oder Seniorenresidenzen sind meist größere Anlagen mit bis zu 300 Bewohnern. Den Bewohnern stehen barrierefreie Wohnungen bzw. Appartements zur Verfügung, die eine selbstständige Haushaltsführung ermöglichen. Die Wohnungen sind barrierefrei und gehoben ausgestattet. Die Küche ist integriert, ansonsten sind die Wohnungen unmöbliert. In der Wohnung ist eine Notrufanlage, ebenso in der gesamten Wohnanlage.

Jedem Bewohner steht die großzügige Infrastruktur der Residenz (Schwimmbad, Bibliothek, Clubraum, Garten o. ä.) zur

Nutzung zur Verfügung – die Nebenflächen sollen als erweiterte Wohnfläche betrachtet werden.

Dem Sicherheitsbedürfnis wird durch videoüberwachte Hauseingänge und eine ständige Anwesenheit der Rezeptionsmitarbeiter/innen Rechnung getragen. Ähnlich wie im Hotel ist die Rezeption meist durchgehend besetzt und steht so als Ansprechpartner für Fragen oder Wünsche zur Verfügung. Dienstleistungen wie Apothekenservice, Einkaufsservice, Post- oder Schreibarbeiten werden von dort aus organisiert.

Mit dem monatlichen Wohnentgelt, auch Pensionspreis genannt, sind die Miete inklusive Nebenkosten, die umfangreichen Grundleistungen und Versicherungen abgegolten.

Als Grundleistungen, die im Entgelt inbegriffen sind, zählen die wöchentliche Wohnungsreinigung sowie Fensterreinigung und Telefongespräche innerhalb des Hauses. Auch die hauswirtschaftliche Grundversorgung mit Mittagessen, selten auch das Frühstück und Abendessen, gehört dazu. Ebenso zählen allgemeine Betreuungsleistungen durch eine Hausdame wie Organisation von Freizeitaktivitäten, Beratung bei Behördenangelegenheiten oder Vermittlung weiterer Dienstleistungen zum Grundservice.

Dies ist einer der großen Unterschiede zu anderen Anlagen des betreutes Wohnens: Das oft umfangreiche Dienstleistungspaket ist nicht frei wählbar und muss immer bezahlt werden, auch wenn Sie z. B. die Hausdame nicht benötigen oder nicht am Kulturprogramm teilnehmen.

Auszug aus dem Grundleistungspaket eines Wohnstifts:

- Appartement mit Nebenkosten
- Notrufanlage
- Mittagessen

- Wöchentliche Reinigung des Appartements
- Gelegentliche hauswirtschaftliche und sozialbetreuerische Leistungen
- Kulturelle und gesellschaftliche Veranstaltungen
- 24 Stunden besetzter Empfang
- 24 Stunden Bereitschaft der Haustechnik
- Nutzung der Gemeinschaftseinrichtungen
- Pflege im Appartement bei vorübergehender Erkrankung

Wohnstifte/Seniorenresidenzen bieten meist ein breit gefächertes Kultur- und Unterhaltungsprogramm: Es reicht von Lesungen und Konzertabenden über Gesundheitsangebote wie Gymnastik- oder Yogakurse bis hin zu gemeinsamen Ausflügen und Reisen. Oftmals finden sich auch Gleichgesinnte zu gemeinsamen Aktivitäten, sei es die Schach- oder Bridgerunde oder der regelmäßige Theaterbesuch.

Kostenfrei ist meist die Teilnahme an den Sprach-, Kreativ- und Gesundheitskursen, die jeden Tag angeboten werden und bei denen die Teilnahme natürlich auf Freiwilligkeit basiert. Zwei- bis dreimal im Monat finden größere kulturelle oder gastronomische Veranstaltungen und Ausflüge zu Sehenswürdigkeiten statt, die gesondert bezahlt werden müssen, insbesondere, wenn externe Kosten (wie z. B. Eintrittsgelder) anfallen.

Zu den individuellen Wahl- bzw. Sonderleistungen gehören Mehrkosten für Frühstücksbüffet, Abendessen, Essen mit Appartement-Service, Handwerkerleistungen, zusätzliche Reinigungsarbeiten, Stromverbrauch, Pflegeleistungen, ärztliche oder therapeutische Leistungen des Hauses.

Anders als beim betreuten Wohnen, bei dem meist externe Dienste die Serviceleistungen erbringen, werden alle Dienstleistungen durch den Träger erbracht. Der Vorteil für Sie ist, dass

Sie nur einen Ansprechpartner haben, der die unterschiedlichen Hilfeleistungen koordiniert und organisiert.

Rechtsstellung

Da die Einrichtungen dem Heimgesetz unterliegen, schließen die Bewohner einen Heimvertrag ab, der meist als „Wohnstifts-“ oder „Residenzvertrag“ bezeichnet wird. Analog wird der Einrichtungsleiter nicht als Heimleiter sondern als „Stiftsdirektor“ oder „Residenzdirektor“ bezeichnet.

Als Bewohner genießen Sie somit den Schutz des Heimrechts mit den dazugehörigen Verordnungen. Im Pflegefall erhalten Sie dadurch auch Leistungen aus der Pflegeversicherung für den stationären Bereich, im Gegensatz zu anderen betreuten Wohnanlagen, in denen Sie nur Leistungen aus der ambulanten Pflegeversicherung erhalten.

Das Heimgesetz schreibt

- über die Heimsicherungsverordnung die Pflichten der Träger bezüglich der Entgegennahme von Geldern, der getrennten Verwaltung von Geldern und der Sicherheitsleistungen, Auskunftspflicht und Rechnungslegung vor.
- über die Heimmindestbauverordnung die minimale Ausstattung der Zimmer, Bäder und Gemeinschaftsräume sowie die Gestaltung der Flure und Treppen vor.
- über die Heimmitwirkungsverordnung die Mitwirkung der Bewohner durch die Bildung eines Bewohnerbeirates oder Bewohnersprechers vor. Dadurch haben Sie ein Mitspracherecht bei allen wichtigen Entscheidungen, wie z. B. einer Entgelterhöhung oder Änderungen der Hausordnung.

- über die Heimpersonalverordnung die personelle Mindestanforderung an die Heimleitung und die im Heim Angestellten vor.

Diese Vorschriften sollen die Bewohner schützen, vor allem wenn sie hilfs- und pflegebedürftig sind und selbst nur schwer ihre Rechte durchsetzen können.

Bei Einrichtungen, die dem Heimgesetz unterstehen, kontrolliert die Heimaufsicht die Einhaltung der oben genannten Bestimmungen. Diese Heimaufsichten sind in der Regel bei den kommunalen Behörden (Sozialamt) angesiedelt, an die Sie sich als Bewohner eines Wohnstiftes wenden können, wenn Sie Beschwerden haben.

Kosten

Wohnstifte/Seniorenresidenzen sind in der Regel deutlich teurer als herkömmliches betreutes Wohnen. Die Kosten für Miete und Betreuung werden im Vertrag nicht separat ausgewiesen. Vielmehr gibt es einen Pauschalpreis, der für das Wohnen, die Nutzung der großzügigen Gemeinschaftsflächen und der zahlreichen Dienstleistungen entrichtet wird.

Die Höhe des Wohnentgelts variiert je nach Größe und Lage der Wohnung. So reichen beispielsweise die monatlichen Preise in einer Einrichtung des Wohnstifts Augustinum je nach Wohnungsgröße zurzeit von 1.758 € für eine 1-Zimmer-Wohnung bis hin zu 3.376 € für eine 3-Zimmer-Wohnung. Eine zweite Person in der Wohnung zahlt einen Aufpreis, in dem genannten Beispiel 635 € pro Monat.

Neben den monatlichen Kosten erheben manche Anbieter

einmalig bei Vertragsabschluss ein Wohndarlehen, mit dem man sich in die Einrichtung einkauft. Diese Wohndarlehen werden zur Instandhaltung, zur Ausstattung oder zum Betrieb der Einrichtung verwandt. Solche Darlehen müssen in Seniorenwohnanlagen, die nach dem Heimgesetz betrieben werden, mit 4 % verzinst und zurückgezahlt oder monatlich mit der Miete verrechnet werden. Das Wohndarlehen wird bei Auszug, oder im Sterbefall an die Erben, ausgezahlt. Ihre Höhe richtet sich nach der Größe der Wohnung. In der schon erwähnten Einrichtung reicht die Darlehenssumme von knapp 20.000 € für eine 32 m^2 große Wohnung bis zu 48.000 € für eine 78 m^2 große Wohnung.

Daneben erheben einige Wohnstifte/Seniorenresidenzen auch Bearbeitungsgebühren in Höhe von ca. 250 € für die Anmeldung bei Vertragsabschluss.

Pflege und Betreuung

Auch bei Eintritt von Pflegebedürftigkeit ist für Pflege und Betreuung gesorgt, je nach Anbieter ist die Regelung aber unterschiedlich: Manche haben eigene Pflegeabteilungen in der Residenz, andere bieten die Pflege ausschließlich in der Wohnung an.

Hier zeigt sich ein Vorteil der luxuriösen Wohnstifte/Residenzen: Die Sicherheit, auch bei schwerer Pflegebedürftig-keit in der Wohnung bzw. im näheren Umfeld zu verbleiben, können herkömmliche betreute Wohnanlagen meist nicht leisten.

Das Wohnstift/die Seniorenresidenz gewährleistet meist auch eine 24-stündige Bereitschaft einer Pflegekraft, sodass im Notfall schnell jemand zur Stelle ist. Üblich ist es, dass Sie 21 Tage im Jahr kostenlos gepflegt werden, etwa bei einer leichteren Grippe.

Ebenso wird in einem solchen Fall die hauswirtschaftliche Versorgung organisiert.

Einige Wohnstifte/Seniorenresidenzen bieten mittlerweile auch Tagespflege an, insbesondere da der Anteil der Demenzkranken unter den älteren Bewohnern stark zunimmt. Dieser Problematik wird mit tagesstrukturierenden Maßnahmen begegnet.

Hat die Einrichtung einen Versorgungsvertrag mit der Pflegekasse, werden die Pflegeleistungen quasi im Auftrag erbracht. Die Leistungen werden dann direkt mit der Pflegekasse abgerechnet. Über deren Höhe kann die Einrichtung bzw. der Pflegedienst jedoch nicht frei entscheiden – sie wird in Verhandlungen mit den Pflegekassen festgelegt. Einrichtungen ohne Versorgungsverträge haben keine Bindungen an Pflegesatzvereinbarungen und können die Kosten für Pflegeleistungen selbst festlegen. Diese Kosten können je nach Pflegeaufwand beträchtlich sein.

In einigen Wohnstiften/Seniorenresidenzen gibt es die Möglichkeit, das Risiko persönlicher zusätzlicher Kostenbelastung im Falle der Pflegebedürftigkeit einzugrenzen. Jeder Bewohner zahlt, wenn er möchte, zusätzlich zum monatlichen Entgelt eine Pauschale in die so genannte „Solidarkasse“ der Einrichtung, im Prinzip eine einrichtungsbezogene private Pflegeversicherung. Die Kosten betragen ca. 20 € im Monat. Nach einem Jahr Wartezeit werden alle Kosten dauerhafter Pflegesachleistungen, die nicht durch die gesetzliche Pflegeversicherung gedeckt sind, von der Solidarkasse übernommen. Der Bewohner muss nur noch eine geringe monatliche Selbstbeteiligung entrichten.

Bedenken Sie auch, dass viele Wohnstifte/Seniorenresidenzen Sie nicht mehr aufnehmen, wenn Sie schon pflegebedürftig sind. Sind Sie jedoch verbindlich angemeldet bzw. haben eine so genannte Anwartschaft erworben und werden während der Wartezeit pflegebedürftig, kann Ihnen die Aufnahme nicht verwehrt werden.

Zusammenfassung

Wohnstifte oder Seniorenresidenzen sind in der Regel gehobene Wohnformen, die selbstständiges Wohnen mit einer hohen Sicherheit und viel Wohnkomfort verbinden. Nicht immer jedoch hängen die höheren Kosten auch mit einem besseren Leistungsniveau zusammen. Wichtig ist, dass Sie die Einrichtung genau prüfen, ehe Sie einziehen. Viele Anbieter bieten ein so genanntes Probe-Wohnen an: Sie können für 3–4 Tage in eine Gästewohnung einziehen und am Leben in der Residenz teilnehmen. So können Sie selbst vor Ort prüfen, ob Sie die umfangreichen Serviceleistungen und Freizeitangebote wirklich nutzen – denn Sie bezahlen Sie mit.

Vorteile:

- Sie wohnen selbstständig in einer seniorengerechten Wohnung, die über eine gehobene Ausstattung verfügt.
- Die Wohnanlage bietet viele Räumlichkeiten wie Bibliothek, Café, Restaurant, Schwimmbad, Sauna, Clubraum etc. an.
- Sie erhalten ein umfangreiches Paket von Grundleistungen, das im Wohnentgelt enthalten ist.
- Bei Bedarf können Sie weitere Leistungen hinzuwählen.
- Mittels eines Hausnotrufs können Sie im Notfall schnell Hilfe herbeiholen, meist ist eine Pflegekraft rund um die Uhr erreichbar.
- Sie können an einem breit gefächertes Kultur- und Unterhaltungsprogramm teilnehmen.

- Auch bei Pflegebedürftigkeit können Sie in Ihrer Wohnung bzw. in der Wohnanlage verbleiben.

Nachteile:

- Sie müssen ein umfangreiches Grundpaket von Leistungen bezahlen, egal ob Sie diese benötigen oder nicht. Nur wenige Leistungen sind frei wählbar.
- Der Eintritt in einen Wohnstift/eine Seniorenresidenz ist bei manchen Anbietern mit hohen Kosten (Wohndarlehen) verbunden.
- Sie leben in der Wohnanlage nur mit älteren Menschen zusammen, sodass eine Nachbarschaft, die sich aus jüngeren und älteren Menschen zusammensetzt, nicht gegeben ist.

Alternative Wohnformen

So genannte alternative Wohnformen unterscheiden sich in zwei Punkten von den anderen Wohnangeboten für ältere Menschen: Das betrifft zum einen die Art des Zusammenlebens und zum anderen die aktive Mitgestaltung des Wohnens durch die Bewohner.

Diese Wohnformen nehmen die Zielsetzung „selbstbestimmt wohnen und leben" wörtlich, im Unterschied zu den „fertigen" Wohnangeboten des betreuten Wohnen oder der Wohnstifte/Seniorenresidenzen. Bei solchen Wohnprojekten, vielfach als selbst organisierte Wohnformen bezeichnet, können Sie selbst entscheiden wie, wo und mit wem Sie zusammenleben möchten. Die Selbstorganisation bezieht sich nicht nur auf die Gestaltung des Alltags, sondern beginnt schon bei der Planung des Projekts.

Im Mittelpunkt von alternativen Wohnformen steht häufig auch der Wunsch, gemeinsam mit anderen noch einmal etwas Neues zu versuchen. Meist werden die Projekte schon mit den zukünftigen Nachbarn gemeinsam entwickelt und geplant. Lebensform und Wohnform liegen hierbei eng nebeneinander, sodass im Vordergrund Aktivitäten mit Gleichgesinnten stehen. Von der gegenseitigen Hilfe verspricht man sich nicht nur mehr Sicherheit, sondern auch mehr Lebensqualität.

Zurzeit ist die Anzahl der älteren Menschen, die gemeinschaftlich in solchen Projekten leben, noch gering. Jedoch hat sich der Kreis derjenigen, die sich für gemeinschaftliche Wohnformen im Alter interessieren, in den letzten Jahren deutlich erhöht. Dabei sind gemeinschaftliche Wohnprojekte für ältere Menschen in Deutschland nicht neu. Mittlerweile kann man auf eine über 20-jährige Erfahrung zurückgreifen. In dieser Zeit haben sich

Schwerpunkte verschoben und unterschiedliche Konzepte entwickelt.

Typisch für gemeinschaftliche Wohnprojekte ist eine differenzierte Mischung der Bewohnerschaft. Bei den bereits bestehenden Projekten finden sich unterschiedliche Varianten hinsichtlich der Altersgruppen: Es gibt Projekte mit überwiegend alten Bewohnern, sowie Projekte mit einem ausgeglichenen Mischungsverhältnis von Jung und Alt.

Nur in relativ wenigen Projekten leben ausschließlich ältere Menschen, was solche Wohnformen z. B. vom betreuten Wohnen unterscheidet. Ebenso zeichnen sich die Projekte nicht selten durch eine soziale Mischung aus. Vor allem die selbst initiierten Projekte streben meist eine breite Einkommensmischung an.

Fast alle Hausgemeinschaften zeichnen sich zudem durch die Mischung unterschiedlicher Haushaltstypen (Alleinlebende, Alleinerziehende, Paare, Familien) und entsprechend verschiedener Wohnungsgrößen aus. Es gibt auch Projekte, die durchaus auf eine bestimmte soziale Gruppe begrenzt sind. Beispiele hierfür sind Projekte für ältere Frauen, für Schwule und Lesben.

Wohn- und Hausgemeinschaften

Hier handelt es sich um eine Wohnform, bei der verschiedene Menschen gemeinsam in einer Wohnung oder in einem Haus wohnen. Jeder Bewohner hat einen eigenen Wohnbereich, entweder ein Zimmer oder eine ganze Wohnung, außerdem es gibt einige Räume, die gemeinschaftlich genutzt werden. Meistens werden diese Wohnprojekte von privaten Personen/Gruppen in eigener Regie gegründet und geführt. Die Bewohner organisieren das Gemeinschaftsleben selbst oder sind zumindest an der Organisation beteiligt. Selbstverwaltete Hausgemeinschaften mit abgeschlossenen barrierefreien Wohnungen haben sich als Trendmodell gemeinschaftlicher Wohnprojekte durchgesetzt.

Wenn Sie sich für eine solche Wohnform interessieren, müssen Sie einige Dinge beachten. Wollen Sie selbst ein solches Wohnprojekt ins Leben rufen, müssen Sie zunächst potentielle Mitbewohner suchen, mit denen Sie die Planung beginnen. Von der ersten Idee bis zum Einzug in ein solches Wohnprojekt vergehen häufig mehrere Jahre. Es fehlt meist an Finanzmitteln, geeigneten Grundstücken oder Gebäuden und planerischem Know-how. Es bedarf komplizierter rechtlicher Regelungen bei Mischfinanzierungen oder bei der Belegung der Wohnungen, wenn mit Mitteln aus Wohnungsbauförderprogrammen gebaut wird (siehe auch Abschnitt „Finanzierung" in diesem Kapitel). Auch das Zusammenleben selbst ist häufig nicht unproblematisch. Damit Sie nachher nicht enttäuscht sind, müssen Sie sich über Ihre Vorstellungen, Wünsche und Ängste in Bezug auf das gemeinschaftliche Wohnen klar werden und die Gruppe genau kennen lernen, bevor Sie in ein solches Wohnprojekt einziehen.

Integriertes Wohnen – Mehrgenerationenwohnen

Wohnprojekte, die sich „integriertes Wohnen" nennen, haben zum Ziel, das Zusammenleben unterschiedlicher Bewohnergruppen im Rahmen eines Gebäudes (oder einer Gebäudegruppe) zu ermöglichen. Bei Projekten des „integrierten Wohnens" werden häufig Bewohnergruppen mit besonderem Bedarf wie z. B. ältere Menschen, Alleinerziehende, ausländische Mitbürger, Behinderte, kinderreiche Familien usw. zusammengebracht. Die Idee ist einleuchtend, aber auch problematisch, denn gerade die Gruppen, die im besonderen Maße auf Nachbarschaftshilfe und Betreuungsleistungen angewiesen sind, werden dabei zusammengebracht, um so die Isolation zu überwinden und Partner zur gegenseitigen Hilfe zu finden.

Die Mischung von Gruppen mit unterschiedlichem Hilfebedarf kann dazu beitragen, dass sich Angebot und Nachfrage ausgleichen können. Es kann z. B. eine gemeinsame Kinderbetreuung stattfinden oder ein Leih-Oma-Service ins Leben gerufen werden. Dafür übernimmt die motorisierte Familie den Großeinkauf für die nicht mehr so mobile Nachbarin. Problematisch wird ein solcher Austausch von Hilfeleistungen nur dann, wenn die gegenseitigen Erwartungen und Grenzen nicht vorab offen geklärt werden.

Meist handelt es sich bei integrierten Wohnanlagen um größere Wohnkomplexe, die von speziellen Trägern initiiert und nicht von den Bewohnern selbst ins Leben gerufen werden. Wichtigstes Ziel ist der Aufbau funktionierender Nachbarschaften, um Vereinsamungstendenzen im Alter entgegenzuwirken und nachbarschaftliche Hilfeleistungen zu mobilisieren. Um das gemeinschaftliche Zusammenleben zu fördern, gibt es Begegnungsräume und manchmal eine Betreuung durch Fachpersonal. Ein fest installiertes Betreuungsangebot gibt es meist nicht, jedoch eine gute Anbindung an ambulante Hilfen.

Bei Interesse am „integrierten Wohnen" müssen Sie die Vor- und Nachteile dieser Wohnform, die auf einem gegenseitigen Geben und Nehmen beruht, realistisch einschätzen. Zum Zusammenleben mit den verschiedenen Bewohnergruppen gehört z. B. auch, mit unterschiedlichen Vorstellungen über Ruhe und Sauberkeit leben zu können.

Siedlungs-/Stadtteil-/Quartiersprojekte

Bei diesen Projekten werden Gemeinschafts- und Hilfeangebote für die Bewohner eines Viertels bzw. Stadtteils organisiert.

Hintergrund ist die Erfahrung, dass oftmals ganze Häuserblocks altern und die Quartiere von den baulichen Voraussetzungen und der Infrastruktur nicht auf die Belange älterer Menschen zugeschnitten sind. Daher werden in den bestehenden Siedlungen zum Teil von Wohnungsbaugesellschaften oder Selbsthilfe-Initiativgruppen Hilfe- und Unterstützungsleistungen für ältere Menschen angeboten und ein Netz von Gemeinschaftsaktivitäten unter allen Bewohnern organisiert.

Die Gemeinsamkeiten der genannten alternativen Wohnprojekte sind:

- Verwirklichung gemeinschaftsfördernder Baukonzepte
- Mitwirkung der Bewohner bei der Projektentwicklung
- Zum Selbstverständnis gehört die gegenseitige Hilfe
- Hausgemeinschaften und flexible Grundrissgestaltung
- Integration in das umgebende Wohnquartier
- Bewohner organisieren das Gemeinschaftsleben

Zielsetzung

Gemeinschaftliches Leben

Das Hauptziel der Initiatoren und Mitbewohner alternativer Wohnprojekte ist das gemeinschaftliche Zusammenleben bei gleichzeitiger Wahrung der Selbstständigkeit des Einzelnen. Ein gewisses Maß an Gemeinschaftsleben finden Sie zwar bei allen Wohnformen für ältere Menschen, aber beim betreuten Wohnen oder in einem Wohnstift ist die Gemeinschaft eher ein Nebenprodukt des Zusammenwohnens in einem Gebäude oder einer Wohnanlage. In den selbst verwalteten Wohnprojekten wird die Gemeinschaft bewusst gesucht. Typisch ist deshalb auch, dass die Kontakte zwischen den – zukünftigen – Bewohnern schon vor dem Einzug geknüpft und gemeinsame Vorstellungen über das Zusammenleben ausgetauscht werden. In diesem Prozess findet meist eine Auswahl der Bewohner/innen statt, beim Einzug handelt es sich dann mehr um eine Wahlgemeinschaft.

Ein weiteres Merkmal von gemeinschaftlichen Wohnprojekten ist, dass sie – als bewusste Alternative zum betreuten Wohnen – keine professionelle Betreuung einbinden, zumindest nicht in Form einer vertraglichen Bindung an das Projekt. Das Konzept besteht vielmehr darin, aus dem gemeinschaftlichen Zusammenleben eine Basis für Nachbarschaftshilfe zu schaffen und im Bedarfsfall wie in „normalen“ Wohnungen mit Angehörigen ambulante Hilfe in Anspruch zu nehmen. Für pflegerische Dienstleistungen bestehen denn auch häufig gute Verbindungen zu ambulanten Anbietern.

Erhalt der Selbstständigkeit

Das Konzept der gemeinschaftlichen Wohnprojekte ist darauf angelegt, die Selbstständigkeit möglichst lange zu erhalten. Bereits bestehende gemeinschaftliche Wohnprojekte belegen, dass sie u. a.

- der Vereinsamung vorbeugen und so die physische und psychische Gesundheit erhalten,
- Selbst- und Nachbarschaftshilfe leisten,
- soziale Netzwerke bilden,
- durch gegenseitige Unterstützung andere Kostenträger entlasten,
- Heimunterbringung vermeiden oder hinauszögern.

Aus Projektbefragungen geht hervor, dass diese Wohnform das Ziel der selbstbestimmten Lebensführung in hohem Maße realisieren kann. So sind auch nur wenige Fälle bekannt, in denen Bewohner in ein Pflegeheim wechseln mussten. Dabei ist jedoch zu berücksichtigen, dass die Bewohner mehrheitlich (noch) nicht zur Altersgruppe der Hochaltrigen zählen, denn dazu existiert diese Wohnform noch nicht lange genug. Gerade die aktiven Gestaltungsmöglichkeiten, die Einbindung in verlässliche soziale Kontakte und das damit verbundene Gefühl der Sicherheit sowie der Zufriedenheit mit der gewählten Wohnform lassen es jedoch sehr plausibel erscheinen, dass gemeinschaftliche Wohnprojekte einen erheblichen Beitrag zum Erhalt einer selbstständigen Lebensführung leisten.

Umsetzung eigener Projektideen

Wenn Sie eine eigene Projektidee umsetzen oder in ein bestehendes Projekt einsteigen möchten, sollten Sie zunächst Ihre Vorstellungen und Wünsche an das Leben in einer Gemeinschaft klären:

- Wie soll das Leben in der Gemeinschaft aussehen?
- Wie soll sich das Wohnen vom normalen Wohnen unterscheiden?
- Welche Räumlichkeiten möchten Sie teilen?
- Wie viel Nähe soll es geben und wie viel Privatheit brauchen Sie?
- Soll es eine Verpflichtung zu gegenseitiger Hilfe und Unterstützung geben? Wenn ja, wie könnte sie aussehen? Wenn nein, können Sie sich abgrenzen bzw. auf die anderen vertrauen?

Diese Fragen werden sicherlich auch innerhalb der Gruppe Diskussionspunkte sein, die auf jeden Fall vor dem Einzug geklärt werden sollten.

Ohnehin verläuft der Prozess einer Projektrealisierung von der ersten Idee bis zum Einzug der ersten Bewohner in mehreren Phasen:

- Initiierungsphase: Hier werden Ideen entwickelt, zukünftige Mitbewohner gesucht und kennen gelernt, gemeinsame Ziele diskutiert und verbindlich festgelegt.
- Planungsphase: In dieser Phase wird ein Konzept erarbeitet, Einzelheiten wie Bewohnerstruktur, Raumprogramm und Rechtsform geklärt, Finanzierungsmöglichkeiten, Grundstück/Gebäude und Kooperationspartner gesucht.
- Realisierungsphase: Jetzt erfolgt die Bauplanung und Bauabwicklung.
- Wohnphase: Es erfolgt der Übergang zum Wohnen mit Selbstverwaltung, gemeinsamen Aktivitäten und Nachbarschaftshilfe.

Merkmale

Bauliche Konzepte

Typische bauliche Merkmale von alternativen Wohnformen sind:

- Standort mit gut erreichbarer Infrastruktur
- Ausbildung der Gebäude- und Wohnungserschließung für zusätzliche Begegnungsmöglichkeiten, etwa durch kommunikationsfördernde Eingänge und Treppenhäuser
- Anwendung der Standards barrierefreien Bauens (mindestens Aufzug)

- Einladend gestaltete Gemeinschaftsräume innerhalb und außerhalb des Hauses
- Abstufung von privaten, halböffentlichen und öffentlichen Flächen
- Unterschiedliche Aufenthaltsbereiche für lebhafte und ruhige Tätigkeiten, insbesondere bei generationengemischten Wohnprojekten
- Mischung unterschiedlicher Wohnungstypen und flexible Raumgestaltung
- Teilweise Verwendung ökologischer Bauweisen

Die genannten Merkmale beschreiben keinen einheitlichen Gebäudetyp. Vielmehr zeichnen sich die Bauformen durch eine große Vielfalt aus. Die Planungsqualität kann sehr unterschiedlich sein und die einzelnen Merkmale sind nicht überall zu finden.

Wohnangebot

Bezüglich des Wohnangebotes hat sich beim gemeinschaftlichen Wohnen ein Modell durchgesetzt: die „Hausgemeinschaft". Der Haupttrend für die räumliche Organisation gemeinschaftlicher Wohnprojekte ist ein (oder mehrere) Gebäude mit etwa acht bis 30 abgeschlossenen Wohnungen und zusätzlichen Gemeinschaftsräumen. So ist z. B. typisch, dass sowohl gemeinschaftlich als auch in den individuellen Wohnungen gekocht und gegessen werden kann.

Innerhalb dieses grundlegenden Trends gibt es allerdings ein differenziertes Spektrum bezüglich der Projektgröße, der Größe der Wohnungen und der Mischung der Haushalte. So gibt es auch heute noch Wohngemeinschaften, bei denen die Bewohner jeweils zwar einen eigenen Individualbereich (ein bis zwei Zimmer) zur Verfügung haben, sich aber Küche, Wohnzimmer und auch das Bad bzw. mehrere Bäder teilen. Diese Raumorganisation – in einer größeren Wohnung oder einem Einfamilienhaus für eine kleinere Gruppe – stammt aus dem Anfang der Entwicklung und hatte die Wohngemeinschaften der Jüngeren zum Vorbild.

Bei den meisten neueren Projekten wurde diese familienähnliche Wohnsituation zugunsten abgeschlossener Wohneinheiten (mit Bad und Küche) aufgegeben, um dem gewachsenen Bedarf nach Privatheit und Rückzugsmöglichkeiten gerecht zu werden. Es gibt aber auch weiterhin Beispiele für interessante Zwischenlösungen zwischen diesem Modell der Hausgemeinschaft und einer herkömmlichen Wohngemeinschaft. So teilen sich in manchen Projekten zwar eine kleine Gruppe älterer Menschen eine (große) Wohnung mit Gemeinschaftsraum, Gemeinschaftsküche und behindertengerechtem Gemeinschaftsbad. Allerdings sind die individuellen Wohnräume kleine abgeschlossene Appartements mit Kochnische und Bad. Inwieweit diese Mischung von individuellen „Miniappartements“ und klassischer Wohngemeinschaft eine Einzellösung oder einen Trend darstellt, bleibt abzuwarten.

Ein gegenläufiger Trend geht eindeutig in Richtung größerer individueller Wohnungen mit zwei bis drei Zimmern auch für Einpersonenhaushalte. Diese Entwicklung ist bei Wohnprojekten in Deutschland zu beobachten, noch ausgeprägter trifft dies allerdings auf die Niederlande und auch auf Dänemark zu. Erfahrungen zeigen, dass die Wohnungsgrößen gerade bei neueren Planungen z. T. weit von den Vorgaben im öffentlich geförderten Wohnungsbau nach oben abweichen, wenn die Projekte freifinanziert sind und insbesondere, wenn es sich um selbst genutztes Eigentum handelt. Die Größenordnungen bewegen sich hier häufig zwischen 50 und 100 m^2. Bei den kleinen Wohnungen gilt als Mindeststandard ein separates Schlafzimmer. Diese Entwicklung ist ebenfalls in betreuten Wohnanlagen oder Wohnstiften zu finden.

Gerade wenn Sie aus einer größeren Wohnung bzw. einem Einfamilienhaus umziehen, sollten Sie genau überlegen, wie groß bzw. klein Ihre zukünftige Wohnung sein soll. Eventuell kommen aus diesem Grund manche Projekte für Sie nicht in Frage.

Typisch für die praktizierten Projekte ist auch die Mischung unterschiedlicher Wohnungstypen und -größen in einem Gebäude. Gerade durch das Angebot unterschiedlicher Wohnungsgrößen und verschiedener Finanzierungsformen in einem Gebäude sind für gemeinschaftliche Wohnprojekte interessante bauliche Lösungen entstanden. Häufig werden auch flexible Grundrisse angeboten. Dies bezieht sich zum einen auf die interne Wohnungsorganisation: variable Abtrennbarkeit vom Wohnbereich und gleichwertige Räume für unterschiedliche Nutzung. Zum anderen werden in einigen Projekten so genannte Schalträume eingebaut, die alternativ von benachbarten Wohnungen genutzt werden können. Dadurch können Veränderungen der Haushaltsgrößen bzw. des Raumbedarfs leichter berücksichtigt werden.

Unverzichtbarer Bestandteil jedes gemeinschaftlichen Wohnprojektes ist das Vorhandensein gut nutzbarer und ausreichend großer Gemeinschaftsräume. Anzahl und Größe dieses Raumangebots ist sehr unterschiedlich und hängt davon ab, welche Gemeinschaftsaktivitäten die Bewohnergruppe als besonders wichtig für ihr Zusammenleben erachtet. Eine Untergrenze stellt meist die förderfähige Größe von Gemeinschaftsräumen dar, falls dies – wie in wenigen Bundesländern – in den Wohnungsbauförderungsbestimmungen vorgesehen ist.

Generell ist der Trend zu beachten, das Raumangebot von Gemeinschaftsräumen eher bescheiden zu bemessen, um einerseits die schwer finanzierbaren Kosten zu reduzieren, aber auch, weil sich der Anspruch an Komfort und Größe der individuellen Wohnungen erhöht hat und sich gleichzeitig der Wunsch nach möglichst vielen und häufigen Gemeinschaftsaktivitäten eher reduziert hat. Kern des gemeinschaftlichen Raumangebotes ist eine Gemeinschaftsküche, die allerdings meist nur in Ausnahmefällen täglich genutzt wird. Häufige zusätzliche gemeinschaftlich genutzte Raumangebote sind u. a.:

- Gästewohnung
- Pflegebad
- Wirtschaftsräume wie z. B. Fahrradkeller
- Hobbyraum
- Freiflächen, Dachterrassen

Hierin unterscheiden sich die alternativen Wohnformen nicht sehr von betreuten Wohnanlagen oder Wohnstiften, nur dass die Bewohner im Vorfeld selbst über das Raumprogramm entscheiden.

Einbindung in das Wohnquartier

Darüber hinaus verfolgen viele gemeinschaftliche Wohnprojekte das Ziel, soziale Kontakte auf das umgebende Wohnquartier auszudehnen. Hierfür werden meistens zusätzliche Raumangebote bereitgehalten. Die Öffnung zur Nachbarschaft kann sich auf die unmittelbare Umgebung beschränken oder auf ein ganzes Wohnviertel ausdehnen. Wesentlich für die nachbarschaftliche Einbindung ist ein offenes Veranstaltungsangebot. Für die räumliche Organisation sind zwei unterschiedliche Modelle zu finden:

- Projektinterne Gemeinschaftsräume, teilweise mit offenem Treffpunkt (Nachbarschaftscafé), die durch Anwohner im Quartier mitgenutzt werden können.

- Gemeinschaftsräume sind einem Kommunikationszentrum oder einer Hilfseinrichtung für einen ganzen Stadtteil zugeordnet. Hier sind Sie als Projektbewohner der Mitnutzer.

Gegenseitige Hilfe

Gemeinschaftliche Wohnprojekte unterscheiden sich von anderen Wohnformen wie etwa dem betreuten Wohnen gerade darin, dass sie kein „Betreuungskonzept“ im Sinne von organisierten Hilfe- und Betreuungsleistungen haben: Sie setzen auf die gegenseitige, nachbarschaftliche Hilfe und Unterstützung.

Zumindest vom Prinzip her verfolgen gemeinschaftliche Wohnprojekte kein anderes „Betreuungskonzept“ als das in „normalen“ Wohnungen: Bei Bedarf wird nachbarschaftliche Hilfe organisiert und/oder ein ambulanter Dienst in Anspruch genommen.

Erfahrungen zeigen aber, dass durch das gemeinschaftliche Zusammenleben und die Übernahme gegenseitiger Mitverantwortung ein sozialer Rahmen geschaffen wird, der die Hilfeleistungen von ambulanten Diensten ergänzt. Zum Selbstverständnis aller gemeinschaftlichen Wohnprojekte gehört die gegenseitige Hilfe. Diese Hilfen sind weniger in Konkurrenz zu professionellen Anbietern zu sehen, sondern vielmehr als Unterstützung von Nachbarn. Als wichtigster Aspekt dieses „Mehrwertes“ wird ein „Gefühl erhöhter Sicherheit und Geborgenheit“ genannt. Diese Qualität bewirken Sie im Wesentlichen durch die Art des Zusammenlebens selbst mit.

Bestehende Projekte unterscheiden sich zum einen im Umfang und der Verbindlichkeit der gegenseitigen Unterstützung und zum anderen in Bezug auf die organisatorische und räumliche

Einbindung professioneller Hilfen. Man kann drei Modelle unterscheiden:

Modell: „Normales" Wohnen

Das Konzept basiert vor allem auf gegenseitiger, freiwilliger Hilfe. Nur in einigen Projekten besteht eine Verpflichtung. Andere Konzepte sehen ein Punktesystem für geleistete Hilfen vor oder es werden gezielt Mitbewohner mit pflegeberuflichen Qualifikationen ausgewählt. Die meisten Projekte legen darauf Wert, dass sich die gegenseitige Hilfe – auf freiwilliger Basis – auf kleinere Alltagstätigkeiten und kurzfristige Unterstützung bei gesundheitlichen Krisen beschränkt. Bei weitergehendem Hilfebedarf werden ambulante Dienste hinzugezogen. Für häusliche Pflege kann man auch durch spezielle Räumlichkeiten, wie etwa Gästewohnungen und Pflegebäder, Vorsorge treffen.

Modell: Selbst organisierte professionelle Hilfe

Hier wird die gegenseitige Hilfe von vornherein durch eine Kooperation des Trägervereins mit professionellen Diensten bzw. Einrichtungen ergänzt. Sie können in das Wohnprojekt räumlich integriert sein, agieren jedoch unabhängig davon und können von der Bewohnerschaft mitgenutzt werden. In einigen Projekten wird eine betreute Pflegewohngruppe integriert, so dass professionelle Hilfe direkt vor Ort ist.

Modell: Altenhilfe/Betreutes Wohnen

Bei diesem Modell liegt die Betreuung und Vermittlung des Hilfeangebotes in der Hand eines professionellen Projektträgers. Die Hilfsdienste können in die Einrichtung integriert sein oder werden extern angeboten. Diese Organisationsform wird nur dann gewählt, wenn das Wohnprojekt von einem Betreuungsträger, in der Regel einem Wohlfahrtsverband bzw. einer Altenhilfeeinrichtung, betrieben und meistens auch entwickelt wird.

Insgesamt steht die Entwicklung von Lösungen für den Umgang mit erhöhtem Betreuungs- und Pflegebedarf in gemeinschaftlichen Wohnprojekten noch in den Anfängen. Es gibt aber erste Projekte, die ganz gezielt das Thema Pflege in ihrer Konzeption berücksichtigen.

Mitwirkungsmöglichkeiten der Bewohner

Wie bereits erwähnt, gehört die aktive Mitgestaltung der Bewohner zu einem der wichtigen Prinzipien gemeinschaftlicher Wohnprojekte. Die Mitwirkungsmöglichkeiten gehen hier weit über das hinaus, was in anderen Wohnformen für ältere Menschen üblich ist, wie z. B. der Bewohnerbeirat in Wohnstiften/Seniorenresidenzen.

Häufig liegt die Organisation des Projektes ganz in der Hand der potenziellen Bewohner, sodass – im Vergleich etwa zum betreuten Wohnen – die Gemeinschaft bereits vor dem Einzug beginnt. Die Projektentwicklung kann dabei von potenziellen Interessenten, aber auch von größeren Trägern ausgehen.

Die Bewohner als Initiatoren (Organisation „von unten")

Dieses Modell entspricht der Entwicklung eines neuen „Lebensentwurfs". Am Anfang steht die Idee einer Gruppe, die Vorstellungen über das Zusammenleben entwickelt. In einer zweiten Phase werden Partner für die Realisierung gesucht: Bauträger, Architekt und Finanzier.

Wenn neu gebaut wird, muss ein passendes Grundstück bzw.

ein schon bestehendes Gebäude gefunden werden. Die Bewohnergruppe agiert quasi als Bauherr. In dieser Phase fehlen jedoch häufig die finanziellen Mittel und das Planungswissen. Mögliche Kooperationspartner in solchen Projekten sind Wohnungsunternehmen bzw. Investoren.

In anderen Fällen ist ein Verein selbst Investor. Der Projektidee besonders nahe liegend ist die Gründung einer Projekt-Genossenschaft, d. h. der Bauträger und die späteren Eigentümer sind identisch mit der Bewohnerschaft. Der Erfolg dieser Projekte hängt wesentlich davon ab, ob professionelle Partner dem Konzept gegenüber aufgeschlossen sind und ob die Bewohnergruppe ihre Interessen als verlässlicher Kooperationspartner vertreten kann. Eine Unterstützung bei der planerischen Umsetzung der Ideen erfolgt häufig noch auf ehrenamtlicher Basis, z. B. durch motivierte Architekten, sonstige Experten oder projektübergreifende Vereine (siehe Adressenverzeichnis). In den letzten Jahren hat sich für die Selbstorganisation der Bewohner und ihrer Interessenwahrnehmung eine Reihe unterschiedlicher Formen herausgebildet, wie z. B. Bauherrengemeinschaften oder die Bildung einer Dachorganisation für kleinere projektbezogene Genossenschaften.

Die Bewohner als Mitwirkende (Organisation „von oben")

Die Initiative geht bei dieser Organisationsform von einem Träger bzw. einer Institution aus. Erst bei der Umsetzung werden Bewohner/innen entsprechend der Konzeptidee miteinbezogen. Sie sind nur Mitwirkende – über das Ausmaß ihrer Beteiligung entscheidet der Träger. Es kann von Vorteil sein, dass die Idee und die Realisierung in einer „professionellen" Hand liegen. So können für die Bewohnermitwirkung bei der Planung professionelle Verfahren und auch Berater eingesetzt werden. Allerdings können Sie in diesem Fall nicht alle Entwicklungen und Entscheidungen mitbestimmen.

Bewohner als Organisatoren des Gemeinschaftslebens

Alle gemeinschaftlichen Wohnprojekte haben Formen der Selbstorganisation und der aktiven Mitwirkung entwickelt. Die häufigste Form ist die Selbstverwaltung durch einen Bewohnerverein bzw. die Kooperation eines solchen Vereins mit einem Investor. Diese Träger-Vereine, denen im Idealfall alle Mitbewohner beitreten, bilden das „Rückgrat“ sowohl bei selbst- als auch trägerinitiierten Projekten: Sie regen verschiedene Bewohneraktivitäten an, moderieren bei Schwierigkeiten und Krisen, übernehmen die Organisation des Gemeinschaftsalltags und verwalten die Gemeinschaftsräume.

Neben der Projektplanung und der Organisation des Gemeinschaftslebens gibt es weitere Mitwirkungsmöglichkeiten, z. B. bei der Belegung der Wohnungen. Entscheidend für die Bildung einer Gemeinschaft ist, dass die Belegung der Wohnungen nach Kriterien erfolgt, die dem Projektziel entsprechen.

In Projekten, die durch professionelle Bauträger organisiert werden, hat die Bewohnerschaft zwar kein formelles Belegungsrecht, aber zumindest Mitsprache bei der Belegung der Wohnungen. Das Aushandeln von Mitspracheregelungen ist deshalb bereits in der Entwicklungsphase ein wesentlicher Bestandteil von Kooperationsvereinbarungen mit dem Träger.

Thematisierung von Pflege

Der Bereich Pflege wird bisher von vielen Gruppen bei der Planung nicht bedacht. Es fehlt an Erfahrungen und Konzepten, wie man mit diesem Thema in Zukunft umgehen könnte. Jedoch ist es ratsam, sich schon im Vorfeld darüber gemeinsam auseinander zu setzen, denn es ist nur eine Frage der Zeit, bis diese Problematik auftaucht. Insofern macht es Sinn schon bei der Planung ein Konzept für die mögliche Pflegebedürftigkeit zu entwickeln:

- Anpassung des Raumprogramms (ausreichend große Schlafzimmer oder Umbaumöglichkeiten; barrierefreie Wohngestaltung, Vorhaltung eines Pflegebades)
- Klärung der gegenseitigen bzw. professionellen Hilfe- und Betreuungsmöglichkeiten

Planung und Finanzierung

Die Finanzierung solcher Projekte ist eines der Hauptprobleme – die wenigsten Projekte verfügen über so viel Eigenkapital, dass keine Fremdfinanzierung in Anspruch genommen werden muss. Mögliche Finanzierungsformen sind:

Kredite

Kreditinstitute vergeben Wohnungsbaukredite nur bei Vorlage ausreichender Sicherheiten wie Eigenkapital oder Bürgschaften. In der Regel müssen die Kreditnehmer jung genug sein, um den Kredit oft über Jahrzehnte wieder abzuzahlen. Für ältere Personen besteht die Möglichkeit, sich über einen Trägerverein zu organisieren und einen Bürgen/Nachfolger für den Kredit zu benennen.

Öffentliche Förderung

Unter bestimmten Umständen kann ein Projekt Wohnungsbauförderung beantragen und erhalten. Dabei müssen Sie bestimmte Auflagen erfüllen, wie z. B. eine Belegungsbindung (die Mieter dürfen eine gewisse Einkommensgrenze nicht überschreiten und müssen einen so genannten Wohnberechtigungsschein vorweisen). Die Förderprogramme der einzelnen Bundesländer sind unterschiedlich, Sie können sie beim zuständigen Bauamt erfragen.

Daneben gibt es auch Förderprogramme für die Schaffung von altersgerechtem, barrierefreien oder ökologischem Wohnraum. Die Kreditanstalt für Wiederaufbau (KfW) bietet beispielsweise öffentlich geförderte, zinsgünstige Finanzierungsprogramme über die Hausbank an.

Private Investoren

Wohnprojekte für ältere Menschen können aufgrund der demografischen Entwicklung auch als Geldanlage geeignet sein. So kann ein Investor die Wohnungen bauen und dann vermieten, oder Einzelinteressenten kaufen sie als Altersvorsorge und vermieten sie zunächst. Von den Mieteinnahmen werden dann die Kaufkosten finanziert.

Weitere Finanzierungsquellen

Neben den öffentlichen Fördermitteln und den Eigenmitteln gibt es auch die Möglichkeit, Forschungs- oder Stiftungsgelder für besonders innovative Vorhaben zu erhalten. Auch Schenkungen oder Erbschaften sind denkbar.

Bei der Umsetzung alternativer Wohnformen gibt es eine Vielzahl von Hürden, die Sie bei der Entwicklung und Realisierung überwinden müssen. Sie müssen bedenken, dass:

- die Realisierungszeit für solche Wohnprojekte sehr lang ist. Nicht selten geben interessierte Bewohner während der Planungsphase wieder auf, weil es ihnen zu lange dauert oder der Ausgang ungewiss ist.

- die bestehenden Finanzierungs-, Rechts- und Verwaltungsvorschriften einem solchen Projekt, das nicht in bestehende Verordnungen oder Gesetze zu „pressen“ ist, oftmals im Wege stehen.
- es schwierig sein kann, geeignete Kooperationspartner wie Bauträger, Investoren, Architekten oder Berater zu finden, die gewillt sind, gemeinsam mit den zukünftigen Bewohnern ein solches Projekt zu planen und zu entwickeln.
- dass es langwierig sein kann, geeignete und finanzierbare Wohnungen, Häuser oder Grundstücke zu bekommen, die entsprechend altersgerecht und/oder gruppenorientiert zu gestalten sind.

Es gibt zwar eine Reihe von Regelungen auf Länderebene, die etwa die Finanzierung der Baukosten im Rahmen der öffentlichen Wohnungsbauförderung oder auch der zusätzlichen Planungskosten erleichtern, trotzdem ist zurzeit die gezielte Förderung gemeinschaftlicher Wohnprojekte noch eine Ausnahme.

Das gesamte Regelwerk der öffentlichen Wohnungsbauförderung ist eher auf die individuelle Zuordnung von Einzelwohnungen zu Einzelnutzerparteien zugeschnitten, wobei als Normgröße Single-Haushalte oder Familien gelten. Auch die Mischung verschiedener Nutzer- bzw. Einkommensgruppen passt häufig nicht in das Raster der öffentlichen Finanzierung.

Daneben kann auch die Finanzierung von Gemeinschaftsräumen Probleme bereiten. Zwar fördern einzelne Bundesländer im Rahmen der Regelförderung (z. B. sind ab 20 geförderten Wohnungen in der Regel auch Gemeinschaftsräume zuwendungsfähig) oder im Rahmen einer speziellen Förderung die Investitionskosten für Gemeinschaftseinrichtungen. Diese werden aber teilweise an Bedingungen geknüpft, die nicht unproblematisch für die Initiatoren sind. So muss z. B. bei jeder geförderten Wohnung die zulässige Fläche um mindestens $2\,m^2$ unterschritten werden, wenn auch Gemeinschaftsflächen mitfinanziert werden sollen. Da die Wohnungsgrößen im sozialen Wohnungsbau schon knapp bemessen sind, stellt die Flächenbegrenzung einen klaren Nachteil dar.

Darüber hinaus fehlt es häufig an Unterstützung für die Betriebkosten von Gemeinschaftseinrichtungen. Oder es gibt praxisferne Regelungen: z. B., dass die Betriebskosten nur den tatsächlichen Nutzern in Rechnung gestellt werden dürfen.

Neben der finanziellen Förderung ist es wichtig, dass sich die Initiatoren zur Verbesserung der Realisierungschancen entsprechend beraten lassen. Dies umfasst die Moderation der Gruppen- und Zielfindungsprozesse, die Beratung zu Rechts- und Finanzierungsfragen, zu speziellen Planungsschritten und zur Entwicklung und fachgerechten baulichen Umsetzung der Wohnideen. Vielfach scheitern Projekte, weil sie den langen Prozess der Planung und Umsetzung nicht bewältigen können oder keine ausreichende Unterstützung und Begleitung für diese Phase finden. Diese Beratungsleistungen können meist nicht nur ehrenamtlich erbracht werden, Sie sollten dafür Kosten einplanen, deren Finanzierung rechtzeitig gesichert werden muss.

Einzelne Bundesländer fördern Kosten, die für die Planung gemeinschaftlicher Wohnprojekte entstehen. Bestehende Beratungsstellen arbeiten zum großen Teil ehrenamtlich, wie z. B. das bundesweite Forum für gemeinschaftliches Wohnen im Alter und seine regionalen Kontaktstellen (Adressen siehe Seite 132).

Leider fehlt es noch an flächendeckenden professionellen Beratungsorganisationen für solche Projekte und an Fortbildungsangeboten für ältere Menschen zur Vorbereitung auf die aktive Mitwirkung an Wohnprojekten. Jedoch besteht nicht nur seitens der Bewohnergruppen, sondern auch bei den kooperierenden Projektträgern ein erheblicher Informationsbedarf.

Der Erfolg beim Aufbau eines alternativen Wohnprojekts hängt deshalb auch wesentlich davon ab, ob Sie zum einen geeignete Kooperationspartner finden, die bereit sind, sich auf Ihre besonderen Bedürfnisse und die Mitwirkung aller Bewohner bei der Planung einzulassen. Und zum anderen, ob Sie genügend Mitstreiter finden, mit denen Sie sich gut verstehen, um so ein Projekt ins Leben zu rufen.

Kosten

Die Kosten des gemeinschaftlichen Wohnens unterscheiden sich zunächst nicht vom „normalen“ Wohnen. Einige Bewohner entscheiden sich deshalb gezielt für diese Wohnform, da sie hoffen, durch gegenseitige Hilfen und durch die Teilung von gemeinschaftlichen Kosten insbesondere in kleineren Projekten eine kostengünstige Wohnalternative zu finden. Empirisches Datenmaterial für solche Kosteneffekte liegt jedoch nicht vor.

Bei einem Einzug in ein gemeinschaftliches Wohnprojekt sind die folgenden Kosten zu berücksichtigen:

Mietkosten bzw. Kosten für Kaufanteile

Für die Bewohner entstehen im Wesentlichen Mietkosten. Wenn es sich um Wohngemeinschaften handelt, werden die Mietkosten der Wohnungen und die Kosten für die gemeinsame

Haushaltsführung geteilt. Dadurch kann eine günstigere Kostenbelastung entstehen, als wenn man alleine wohnt.

Die Höhe der Miete richtet sich danach, wie die Wohnung finanziert wurde. Wenn sie mit öffentlichen Mitteln gebaut wurde, gelten örtliche Sozialmieten, ansonsten gelten die üblichen Preise des Wohnungsmarktes.

Anteilige Kosten für gemeinschaftliche Räume

Für die Gemeinschaftsflächen kommen zu den üblichen Mietkosten zusätzliche Kosten hinzu, wenn diese nicht öffentlich gefördert sind oder anderweitig subventioniert wurden. Dabei fallen sowohl Kosten für die Miete als auch für den Betrieb der Gemeinschaftsräume an.

Weitere Kosten

Weitere Kosten können entstehen für

- zusätzlichen Planungsaufwand,
- Moderation des Gruppenprozesses,
- Begleitung und Beratung nach Einzug sowie durch
- sonstige Inanspruchnahme von Hilfsdiensten.

Insbesondere für die zusätzlichen Planungskosten und für die Kosten einer Moderation werden teilweise Fördermittel gewährt. Auskunft hierzu erteilen die zuständigen Wohnungsbauämter bzw. Beratungsstellen für alternative Wohnformen (siehe Adressverzeichnis).

Kosten für die soziale Betreuung

Wenn die Projekte sozial betreut werden, können diese Kosten vom Sozialamt übernommen werden. Eine notwendige pflegerische Betreuung muss privat initiiert werden, die Kosten übernimmt teilweise die Pflegeversicherung. Es gelten die Pflegesätze für den ambulanten Bereich. Beratung zu diesen Kosten erhalten Sie bei Ihrer zuständigen Pflegekasse bzw. beim Sozialamt Ihrer Stadt/Kommune. Auch öffentliche Beratungsstellen für ältere Menschen geben darüber Auskunft.

Rechtliche Regelungen

Bei der Organisation alternativer Wohnformen sind mehrere Rechtsformen möglich:

- Gesellschaft bürgerlichen Rechts
- Genossenschaft
- eingetragener Verein
- Eigentümergemeinschaft nach dem Wohnungseigentümergesetz

Wenn sich eine Gruppe entschließt, ein Haus zu kaufen und dort ein gemeinschaftliches Wohnprojekt einzurichten, muss die Gruppe die Rechtsform der Gemeinschaft bestimmen. Geklärt werden müssen bei einem Notar die Modalitäten über Einlagen, Anteile, Stimmrecht, Ausstieg eines Bewohners, Vorkaufsrecht der Gemeinschaft. Wenn ein Miethaus gefunden wird, kann entweder jeder Bewohner einen eigenen Mietvertrag schließen oder die Gemeinschaft mietet das ganze Haus. Wenn Sie in ein gemeinschaftliches Wohnprojekt einziehen, haben Sie den rechtlichen Status eines Mieters/Miteigentümers wie in einer ganz normalen Wohnung und genießen den Schutz des Mietrechtes/Wohnungseigentumsrechtes. Daneben gibt es in einzelnen Wohnprojekten besondere vertragliche Vereinbarungen über die Art, Organisation und Finanzierung des Gemeinschaftslebens.

Zusammenfassung

Die Planung eines alternativen, gemeinschaftlich initiierten Wohnprojekts setzt voraus, dass Sie Lust haben, etwas Neues auszuprobieren und mit anderen zu realisieren. Das Wohnen in einem solchen Projekt erfordert eine gewisse Toleranz und gegenseitiges Verständnis für die unterschiedlichen Meinungen und Lebensstile. Es erhöhen sich jedoch die Chancen, in einer engagierten Nachbarschaft zu leben und bei erhöhter Pflege- und Hilfsbedürftigkeit Unterstützung zu erhalten. Wenn es Ihnen wichtig ist, im Alter nicht allein zu leben und sich für eine Gemeinschaft zu engagieren, kommen für Sie Wohnprojekte in Frage, in denen der Gemeinschaftsaspekt betont wird.

Vorteile:

- Wohnen in selbst gewählter Gemeinschaft
- gute Beziehungen zwischen den Generationen bei altersgemischten Projekten
- soziale Unterstützung
- Hilfestellung in familienartigen Strukturen
- gegenseitige Anregung, Toleranz

Nachteile:

- lange Entwicklungs- und Bauphase
- Interessenkonflikte möglich
- eingeschränkte Autonomie durch Gruppendruck
- Diskussionsbedarf bei gemeinsamen Entscheidungen
- evtl. Umzug bei schwerer Pflegebedürftigkeit notwendig

Wohnsituation verändern – aber wie vorgehen?

Wenn Sie sich dazu entschließen, dass Sie umziehen möchten, sollten Sie sich zunächst für eine bestimmte Wohnform entscheiden und dann nach einer geeigneten Wohnung suchen und nach den für Sie wichtigen Kriterien auswählen.

Das Vorgehen bei der Suche ist bei allen Wohnformen ähnlich, jedoch kommen bestimmte Kriterien nicht in jedem Fall in Frage: So können Sie z. B. die Betreuungsleistungen beim Mehrgenerationenwohnen nicht überprüfen, da es in der Regel keine professionell angebotenen Serviceleistungen im Vorfeld gibt. Nichtsdestotrotz können die Ausführungen Ihnen Hinweise geben, was Sie z. B. bei der Auswahl eines privaten Anbieters zu beachten haben.

Menschen, die in eine betreute Wohnform umziehen, tun dies in der Regel aufgrund verschiedener Motive. Sie suchen eine altersgerechte Wohnung oder wollen mehr Kontakt zu anderen Menschen haben, weil sie isoliert und alleine leben. Viele sind auf Hilfe und Unterstützung angewiesen bzw. wollen Vorkehrungen für den Fall der Pflegebedürftigkeit treffen oder suchen Sicherheit für den Notfall. Je nach Motivlage kann man verschiedene Interessententypen unterscheiden, die für unterschiedliche Wohnformen in Betracht kommen:

Interessententyp „Selbstständiges Wohnen“

Sie ziehen einen Umzug in Erwägung, weil Ihre bisherige Wohnung zu groß, zu teuer oder nicht altersgerecht ausgestattet ist. Sie haben noch viele Kontakte und möchten auch weiterhin selbstständig Ihren Haushalt führen und nur ab und zu Hilfe in Anspruch nehmen bzw. für die Zukunft vorsorgen. Für diesen Interessententyp ist eine betreute Wohnanlage mit einem möglichst geringen verpflichtenden Betreuungsangebot und wenigen Gemeinschaftsräumen und -aktivitäten sinnvoll.

Interessententyp „Gemeinschaftliches Wohnen"

Sie freuen sich über ein vielseitiges Freizeitangebot und möchten vor allem umziehen, um neue Kontakte zu schließen. Sie benötigen kein umfassendes Serviceangebot, schätzen aber die Anwesenheit eines Ansprechpartners und die Organisation von gemeinsamen Aktivitäten und Veranstaltungen. Für diesen Interessententyp kommen vor allem Wohnanlagen mit einem ausgeprägten sozialen und kulturellen Angebot und diversen Gemeinschaftseinrichtungen in Frage. Auch alternative Wohnformen mit einem regen Gemeinschaftsleben bieten sich bei dieser Motivation an.

Interessententyp „Sicheres Wohnen"

Sie sind eventuell auf Hilfe und/oder Pflege angewiesen und Ihre Angehörigen können die Versorgung nicht allein bewältigen. Sie suchen Unterstützung, auf die Sie Tag und Nacht zurückgreifen können und möchten im Fall einer schweren Pflegebedürftigkeit nicht noch einmal umziehen. Für diesen Interessententyp kommt eine Wohnanlage mit einem umfassenden Hilfe- und Betreuungsangebot in Frage (z. B. Pflegestützpunkt im Haus oder in Nachbarschaft zu einem Altenpflegeheim).

Klärung der Erwartungen und Wünsche

Wichtig ist, dass Sie sich im Vorfeld genau darüber im Klaren werden, welche Wünsche und Erwartungen Sie an das Wohnen und die Betreuung stellen. Nur so können Sie Enttäuschungen und einen eventuellen weiteren Umzug vermeiden.

Vorab sollten Sie daher für sich klären:

- Wo wollen Sie im Alter wohnen?
- Welche Leistungsangebote sind Ihnen jetzt und in Zukunft wichtig?
- Welchen finanziellen Spielraum haben Sie?

Um sich über Ihre Erwartungen und Bedürfnisse klar zu werden, sollten Sie sich frühzeitig beraten lassen:

- Örtliche Sozial- und Wohnungsämter oder Seniorenberatungsstellen geben Ihnen Auskunft über bestehende Angebote und mögliche Alternativen. Dort erhalten Sie auch Informationen über eventuelle finanzielle Unterstützung bzw. Finanzierungsmöglichkeiten im Pflegefall.
- Eine ausführliche Beratung zu Angeboten, Leistungen, Kosten und zur Finanzierung erhalten Sie außerdem bei einer der bundesweiten Wohnberatungsstellen oder den Pflegeberatungsstellen, die es in einigen Bundesländern gibt.
- Verbraucherzentralen bieten ebenfalls Beratung zum Wohnen sowie zu rechtlichen Fragestellungen bei Verträgen an.

Welchen Ort bevorzugen Sie für Ihre neue Wohnung?

Zuerst stellt sich die Frage nach der Stadt oder Gemeinde, in der Sie künftig wohnen wollen. Sie sollten sich überlegen, welche persönlichen Wünsche Sie an die Lage haben, in der Sie im Alter leben wollen.

Möchten Sie in Ihrem Heimatort bleiben bzw. dorthin zurückkehren oder bevorzugen Sie eine Urlaubsregion als Altersdomizil? Bedenken Sie dabei, mit wem Sie im Alter vor allem Kontakt halten wollen: Möchten Sie in die Nähe Ihrer Kinder/Verwandten ziehen? Ist es Ihnen wichtig, in einer altersgemischten Nachbarschaft zu leben oder bevorzugen Sie eher Personen Ihres Alters als Nachbarn?

Wie soll die Gegend aussehen, in der Sie gerne leben wollen: Eher ruhig und grün oder zentral, aber dafür auch eventuell lauter? Welche Infrastruktur soll vorhanden sein, damit Sie Ihren Gewohnheiten und Hobbys weiter nachgehen können? Ist es Ihnen wichtig, dass Geschäfte, Einkaufsmöglichkeiten oder kulturelle Angebote wie Theater, Museen, Bibliotheken am Ort erreichbar sind?

All diese Punkte beeinflussen die Wahl Ihrer zukünftigen Wohnung. Bedenken Sie dabei auch, dass der Aktionsradius im Alter eher kleiner wird. Was Ihnen wichtig ist, sollte also in der näheren Umgebung vorhanden sein.

Welches Leistungsangebot sollte die Wohnung haben?

Neben der Auswahl des Wohnortes ist auch die Größe und Ausstattung Ihrer gewünschten Wohnung ein weiterer wesentlicher Punkt. Von Ihren individuellen Motiven hängt auch das persönliche Anforderungsprofil der Betreuungsleistungen ab: Möchten Sie eine umfassende Versorgung und Betreuung oder reicht Ihnen ein Ansprechpartner für eine Stunde in der Woche?

Der Fragebogen im Anhang hilft Ihnen, Ihr persönliches Anforderungsprofil zu formulieren.

Wie viel können bzw. wollen Sie für Ihre altersgerechte Wohnung bezahlen?

Die persönlichen Wünsche und Vorstellungen werden begrenzt durch den Finanzspielraum, der Ihnen jetzt und in Zukunft zur Verfügung stehen wird. Auch das Leistungsangebot kann dadurch eingeschränkt werden: Zentral gelegene Wohnungen sind beispielsweise meist etwas teurer.

Hilfreich ist es, wenn Sie sich vor Ihrer Entscheidung für einen Wohnungswechsel einen Überblick über Ihre derzeitigen Haushaltsausgaben verschaffen. Sie sollten wissen, wie viel Sie künftig für das Wohnen aufbringen können, auch wenn möglicherweise weitere Belastungen, z. B. im Fall einer Pflegebedürftigkeit, auf Sie zukommen. Hilfreich kann auch eine Budgetberatung sein, vor allem, wenn man höhere Ausgaben veranschlagt. Diese Beratungen werden von den örtlichen Verbraucherzentralen angeboten.

Wenn Sie Ihren finanziellen Spielraum ermittelt haben, können Sie eine Vorauswahl treffen: Einrichtungen, die keine Wohnungen zu Preisen unterhalb Ihrer „Schmerzgrenze" anbieten, kommen für Sie dann nicht in Frage.

Auswahl und Prüfung von Einrichtungen

Adressen und Informationen sammeln

Der erste Schritt nach Klärung Ihrer Wünsche und Bedürfnisse ist, sich eine Übersicht über mögliche Wohnangebote an Ihrem bevorzugten Ort zu verschaffen. Dies ist mitunter etwas schwierig, weil nicht immer alle betreuten Wohnungen bzw. alternativen Wohnformen systematisch in Adressverzeichnissen erfasst sind:

- In einigen Städten und Gemeinden gibt es mittlerweile Broschüren, so genannte Seniorenwegweiser, die über das örtliche Angebot solcher betreuter Wohnanlagen informieren. Erkundigen Sie sich danach beim Amt für Altenhilfe oder Sozialamt.
- Auskunft über das bestehende örtliche Angebot geben auch die Wohn- oder Pflegeberatungsstellen oder die Beratungsstellen der Wohlfahrtsverbände (z. B. Arbeiterwohlfahrt, Caritasverband, Diakonisches Werk, Deutscher Paritätischer Wohlfahrtsverband).
- Relativ unproblematisch ist es, die Adressen von Wohnanlagen, die unter das Heimgesetz fallen (siehe Kapitel „Betreutes Wohnen“), zu ermitteln. Dies sind in der Regel die Wohnstifte/Seniorenresidenzen. Die Adressen sind in Übersichten erfasst und können bei den örtlichen Behörden, die für die Heimaufsicht zuständig sind, angefordert werden. Die Heimaufsicht ist bei den Sozial-, Bezirks- oder Versorgungsämtern angesiedelt, die mit der staatlichen Aufsicht über alle Heime beauftragt ist. Zu ihren Aufgaben gehört unter anderem auch die Beratung und Information von Interessenten.
- Betreute Seniorenwohnanlagen sind in diesen Adressen nicht zu finden. Für sie gibt es keine Meldepflicht. Auskünfte können aber eventuell örtliche Wohnungsämter geben, vor allem dann, wenn diese Wohnanlagen mit öffentlichen Fördermitteln gebaut wurden und diese Wohnungen deshalb nur an einen bestimmten Personenkreis (z. B. mit Wohnberechtigungsschein) vergeben werden dürfen.

- Auch Wohnungsbaugesellschaften haben teilweise betreute Wohnanlagen in ihrem Bestand.
- In dem Ratgeber der Landesbausparkassen „Wohnen mit Service“ werden, sortiert nach Städten, Wohnangebote mit Service beschrieben. Auch diese Übersicht ist nicht vollständig, zudem die Auflage etwas veraltet und der Markt für betreutes Seniorenwohnen sehr dynamisch ist (siehe Adressenverzeichnis). Überall entstehen neue Angebote und Broschüren oder Statistiken, die häufig leider nicht auf dem aktuellsten Stand sind.
- Einige Einrichtungen inserieren auch in Zeitungen, sodass sich ein regelmäßiger Blick in den Anzeigenteil lohnt. Achten Sie auch auf gelegentliche Sonderbeilagen zum Thema „Wohnen im Alter“.
- In größeren Städten gibt es auch Messen zum Thema „Wohnen im Alter“ bzw. „Aktiv im Alter“, bei denen Anbieter ihre Wohnungsangebote vorstellen. Nutzen Sie solche Veranstaltungen, um sich einen Überblick über den Seniorenwohnungsmarkt in Ihrer Umgebung zu verschaffen.
- Internetsuchbörsen für den Wohnungsmarkt sind ebenfalls ein lohnender Anlaufpunkt, um Anbieter von Seniorenwohnanlagen zu finden. Allerdings sind dort nur kommerzielle Anbieter vertreten, Projekte und Initiativen sucht man dort vergebens: Suchen Sie in solchen Fällen eher den Kontakt zu den bereits erwähnten amtlichen Anlaufstellen.

Vorauswahl treffen

Wenn Sie wissen, welche Einrichtungen es an Ihrem bevorzugten Ort gibt und welcher Einrichtungstyp für Sie in Frage kommt, können Sie eine Vorauswahl treffen.

Anforderung von Informationsmaterialien

Um entscheiden zu können, ob die Wohnanlage Ihren Wünschen und Vorstellungen entspricht, sollten Sie von den in Frage kommenden Einrichtungen Informationsmaterial anfordern. Für einen vollständigen Überblick reicht aber nicht nur eine Informationsbroschüre. Lassen Sie sich auch die Verträge, Preisübersichten, die Hausordnung, Veranstaltungskalender und sonstige Informationen über aktuelle Angebote und Ereignisse im Haus zuschicken.

Bei Wohnprojekten sollten Sie auch eine Projektbeschreibung, Vertragsentwürfe oder Planungsskizzen anfordern.

Informationsmaterialien prüfen

Leider ist das Informationsmaterial, das die Einrichtungen zur Verfügung stellen, nicht immer so ausführlich und eindeutig, dass Sie sich ein genaues Bild von der Wohnanlage machen können. Manchmal stellen die Anlagen nur einen Teil der gewünschten Informationen bereit. Vor allem die Verträge oder Preislisten werden nicht immer selbstverständlich gleich mitgeschickt. Damit Sie sich angemessen informieren können, sollten Sie auf die Zusendung aller Materialien bestehen. Am besten formulieren Sie Ihre Anfrage schriftlich, dann kann nichts „vergessen" werden.

Dennoch sind manche Unterlagen nicht immer eindeutig. Viele Konflikte haben ihre Ursache darin, dass Leistungen versprochen, in der Praxis aber nicht eingehalten werden. Auch kommt es mitunter vor, dass durch unklare Beschreibung von Leistungen falsche Erwartungen geweckt werden. So wird zum Beispiel in einem Prospekt beschrieben, dass die Wohnanlage mit öffentlichen Verkehrsmitteln gut erreichbar ist. In Wirklichkeit fährt der Bus aber nur alle zwei Stunden. Oder es wird mit „altersgerechten Wohnungen" geworben, jedoch sind die Eingänge nicht barrierefrei und in den Wohnungen befinden sich Türschwellen und nicht genügend Bewegungsflächen.

Solche unklaren Leistungsbeschreibungen finden sich auch in den vertraglichen Regelungen. So werden in den Verträgen „Hilfe bei vorübergehender Pflegebedürftigkeit" oder „Hilfe bei kleinen technischen Dienstleistungen" angeboten, jedoch bleibt unklar, welche konkreten Leistungen damit verbunden sind und was genau „klein" bzw. „vorübergehend" meint.

Andere Anbieter versprechen in ihren Prospekten ein lebenslanges Wohnrecht in der Wohnanlage. Die Verträge sehen aber bei schwerer Pflegebedürftigkeit ein Kündigungs- oder Verlegungsrecht auf eine andere Abteilung vor.

Bei einer Durchsicht der Unterlagen können Sie nicht alle Punkte auf Ihren Wahrheitsgehalt überprüfen. Aber Sie können die Prospekte und Verträge kritisch lesen und die für Sie wichtigen Dinge bei den späteren Gesprächen mit den Leistungsanbietern oder bei der Begehung der Wohnanlage besprechen. Machen Sie sich eine Liste der Dinge, die für Sie unklar oder auffällig sind, und überprüfen Sie diese Angaben. Hinterfragen Sie solche schwammigen Formulieren und versuchen Sie, sich konkrete und überprüfbare Leistungsbeschreibungen vertraglich zusichern zu lassen. Also nicht: „kleinere Reparaturen werden übernommen", sondern „bis zu einer halben Stunde Handwerkerdienste pro Monat".

Angebote vor Ort überprüfen

Nach der Sichtung der Informationsmaterialien und dem Vergleich mit Ihren Wünschen und Ansprüchen werden häufig nur wenige Angebote übrig bleiben. Die Anlagen oder Projekte, für die Sie sich konkret interessieren, sollten Sie besuchen.

Gesprächstermin vereinbaren

Sie können unverbindlich erst einmal einen „Tag der offenen Tür" nutzen, die viele Einrichtungen anbieten. Für eine eingehende Besichtigung ist es jedoch besser, dass auch entsprechend Zeit für Sie reserviert wird. Vereinbaren Sie mit dem Vermieter, Bauträger, Betreuungsträger bzw. Betreiber der Anlage einen Gesprächstermin, damit genügend Zeit für die Beantwortung Ihrer Fragen zur Verfügung steht. Versuchen Sie auch, mit Bewohnern der Anlage zu sprechen. Manchmal stehen auch Gästewohnungen zur Verfügung, sodass Sie ein paar Tage zur Probe wohnen können, um den Alltag, die Atmosphäre und das Leistungsangebot genau prüfen zu können.

Wohnprojekte haben meist regelmäßige Treffen, zu denen Sie unverbindlich dazukommen können. So gewinnen Sie schon mal einen Eindruck von Ihren potentiellen Nachbarn und von der Diskussionskultur des Projekts.

Mit dem Vermieter, Bauträger, Makler oder den Projektbeteiligten sollten Sie alle Fragen hinsichtlich der Wohnung, Kosten und Festlegungen im Mietvertrag und in der Hausordnung klären. Gehen Sie zu den Gesprächen nicht alleine, sondern bringen Sie eine Vertrauensperson mit.

Neben den üblichen Fragen, die man beim Kauf oder beim Mieten einer Wohnung stellt – wie z. B. nach der Größe und Ausstattung, ob Haustiere erlaubt sind oder Musikinstrumente gespielt werden dürfen –, sollten Sie sicherstellen, dass es sich hier um altersgerechte Wohnungen handelt, die Ihnen eine selbstständige Lebensführung auch im Falle von Hilfe- und Pflegebedürftigkeit ermöglichen. Der Fragebogen im Anhang hilft Ihnen, die wichtigsten Punkte im Gespräch abzuklären.

In der Regel schließen Sie zwei Verträge ab: einen für die Wohnung und einen für die Betreuung. In einigen Einrichtungen ist der Betreiber für alle Leistungen zuständig und kann zu allen Leistungsbereichen Auskunft geben. Es gibt dann meist eine Person, die speziell für Anmeldungen und Neuaufnahmen zuständig ist. Häufig gehört dies mit zum Aufgabenbereich der Leitung (Heim-, Pflegedienstleitung oder Sozialer Dienst).

Wenn Sie jedoch den Betreuungsvertrag mit einem anderen Anbieter abschließen, sollten Sie auch mit diesem sprechen. Im Fragebogen im Anhang sind die wichtigsten Punkte für dieses Gespräch zusammengestellt.

Bei alternativen Wohnformen gibt es meist keinen professionellen Anbieter, der von Anfang an für Serviceleistungen fest eingeplant ist. Klären Sie dennoch, welche Vorkehrungen bzw. Vorstellungen in dem Projekt bestehen, wenn Bewohner z. B. pflegebedürftig werden.

Prüfung der Qualität der Wohnanlage

Bei den Gesprächsterminen sollten Sie auf jeden Fall die ausgesuchte Wohnanlage und, wenn möglich, auch die in Frage kommende Wohnung in Augenschein nehmen. Nach der Besichtigung können Sie vielleicht auch an Mahlzeiten oder Veranstaltungen teilnehmen, um so den Alltag in der Wohnanlage kennen zu lernen, oder Sie nutzen das schon erwähnte Angebot des Probewohnens. Versuchen Sie bei Ihren Besuchen mit anderen Bewohnern ins Gespräch zu kommen. Das hat den Vorteil, dass Sie schon eventuelle zukünftige Nachbarn kennen lernen und sich über ihre Erwartungen bzw. Erfahrungen austauschen können.

Auch wenn Sie nur eine bestimmte Wohnanlage ausgesucht haben, sollten Sie auf jeden Fall noch eine andere Einrichtung besichtigen, um eine bessere Vergleichsmöglichkeit zu haben.

Bei den Besichtigungsterminen sollten Sie vor allem die wichtigsten Kriterien kritisch prüfen:

- die Lage der Wohnanlage,
- die Ausstattung und den Zugang zur Wohnung sowie
- das Angebot an Gemeinschaftseinrichtungen.

Scheuen Sie sich nicht, die Fragebögen im Anhang zu verwenden und bei der Begehung auszufüllen: Sie erhalten eine Flut von Details und es ist nur legitim, diese schriftlich festzuhalten, damit Sie die Informationen zu Hause noch mal in Ruhe auswerten und prüfen können.

Wenn eine Wohnanlage oder ein Wohnprojekt in die engere Wahl kommt, sollten Sie deren Wohnbedingungen und Betreuungsleistungen nochmals eingehend prüfen. Schließlich möchten Sie Enttäuschungen und Konflikte im Nachhinein vermeiden.

Im Folgenden erhalten Sie Hilfestellungen zur Prüfung der wichtigsten Anforderungen an die Wohn- und Betreuungsqualität sowie an die Kosten und Vertragsgestaltung. Die Hinweise beziehen sich allgemein auf die Qualitätsprüfung von Wohnanlagen für ältere Menschen. Dabei bleibt es Ihnen überlassen, welche Kriterien Ihnen besonders wichtig sind.

Die Anforderungen beziehen sich vor allem auf Anlagen des betreuten Wohnens und auf Seniorenresidenzen bzw. Wohnstifte. Alternative Wohnangebote sollten Sie natürlich ebenso prüfen, auch in diesem Fall können Sie die Fragebögen im Anhang nutzen, um zu überprüfen, wie die beschriebenen Leistungen sichergestellt werden bzw. welche Sie eventuell selbst organisieren müssen.

Wohnung und Wohnumfeld

Folgende Punkte sind besonders wichtig:

- Erreichbarkeit der Wohnanlage sowie der wichtigsten Einrichtungen für den täglichen Bedarf
- Funktionalität von Gebäude, Wohnung und Einrichtungsgegenständen
- Wahrung von Privatsphäre und Wohnlichkeit
- Atmosphäre bzw. Ambiente

Sie sollen sich in Ihrem neuen Zuhause wohl fühlen – achten Sie also bei Ihrem Besuch auch besonders auf subjektive Faktoren: Wie ist die Atmosphäre, wie begegnen Ihnen die Mitarbeiter, welchen Eindruck machen die Bewohner auf Sie?

Erreichbarkeit

Jeder verbindet mit seinem Umzug in eine betreute Wohnanlage etwas anderes: Die einen suchen Abwechslung und möchten verschiedenen Aktivitäten nachgehen können, die anderen möchten eher nach einem anstrengenden Arbeitsleben Ruhe und Abgeschiedenheit genießen. Manche können gut laufen, öffentliche Verkehrsmittel nutzen oder fahren noch Auto, andere sind in ihrer Beweglichkeit schon eingeschränkt.

Jeder hat daher unterschiedliche Ansprüche an die Lage und Umgebung der Wohnanlage, dennoch ist der ideale Wohnstandort ruhig und trotzdem zentral gelegen, mit Einkaufsgelegenheiten, die zu Fuß auch mit Gehhilfen erreichbar sind. Einen solchen idealen Standort bietet nicht jede Wohnanlage. Manche Einrichtungen liegen zwar nicht so verkehrsgünstig, dafür aber bewusst am Rande der Städte in reizvoller landschaftlicher Umgebung.

Sie sollten überlegen, ob Sie die Orte, die Ihnen wichtig sind und die Sie auch mit zunehmendem Alter auf jeden Fall erreichen möchten, auch mit Mobilitätseinschränkungen problemlos erreichen können. Dazu dürfen die Einrichtungen nicht mehr als 300 bis 500 Meter oder maximal 10 Minuten Fußweg entfernt sein:

- Versorgungseinrichtungen (Bäcker, Metzger, Supermarkt, Drogerie, Bank, Post, Friseur, Apotheke etc.)
- Gesundheitsversorgung (Allgemeinarzt, Zahnarzt, Augenarzt, Krankenhaus, Optiker, Physiotherapie, Sozialstation etc.)
- Freizeit-/Kulturelle Einrichtungen (Café, Restaurant, Bibliothek, Theater, Museum, Volkshochschule, Kino, Kirche, Vereine, Grünanlagen etc.)

Bedenken Sie dabei auch, dass sich Ihr Aktionsradius wahrscheinlich im höheren Lebensalter mehr und mehr einschränken wird: Wer auch im Alter und bei eventuell eingeschränkter Gesundheit noch selbstständig leben will, ist darauf angewiesen, die wichtigsten Einkaufs- und Dienstleistungsangebote in der näheren Umgebung zu finden. Falls nicht, sollte wenigstens eine Haltestelle des öffentlichen Nahverkehrs, mit regelmäßigen Anschlussmöglichkeiten in das Zentrum, in nächster Nähe liegen. Dies ist nicht nur für Sie wichtig, auch Ihre Besucher sind möglicherweise auf den öffentlichen Nahverkehr angewiesen.

Manche Einrichtungen bieten wegen ihrer wenig zentralen Lage einen regelmäßigen Fahrdienst in die Innenstadt an. Auch wenn Sie jetzt noch rüstig sind und keine Probleme haben, öffentliche Verkehrsmittel oder Ihr Auto zu benutzen, könnten Sie später auf solche Leistungen angewiesen sein. Vergewissern Sie sich daher, ob dieser Fahrdienst auch vertraglich zugesichert wird, wie häufig er verkehrt und welche Kosten für diese Leistungen berechnet werden.

Weitere Anforderungen an das Wohnumfeld betreffen die direkte Lage und Umgebung der Einrichtung: Liegt sie ebenerdig, d. h. gibt es keine steilen Hanglagen oder extremen Steigungen? Sind die Gehwege in der unmittelbaren Umgebung breit und eben? Sind die Straßen gut zu überqueren und ausreichend beleuchtet? Diese Punkte sollten Sie bei einer Besichtigung eingehend überprüfen.

Größe der Wohnanlage

Auch die Größe der Wohnanlage spielt für Ihr Wohlbefinden eine entscheidende Rolle. Manch einer mag eher großzügige Anlagen, die aber auch leicht anonym wirken können, der andere bevorzugt kleine und überschaubare Gebäudekomplexe.

Vor allem die älteren Wohnstifte/Seniorenresidenzen sind oft als große Gebäudekomplexe konzipiert worden. Sie bieten meist ein umfassenderes Angebot als kleinere Einrichtungen. In Wohnanlagen mit über 100 Wohnungen finden Sie häufiger attraktive Gemeinschaftsräume wie Café, Lesezimmer oder Schwimmbad und einem umfangreicheren Veranstaltungsprogramm.

Andererseits haben diese Anlagen eher einen heimähnlichen Charakter und sind häufig recht anonym, das heißt die Bewohner kennen sich untereinander nicht so gut und es könnte schwieriger sein, Kontakte zu knüpfen.

Kleine Anlagen sind sozial überschaubarer. Sie wissen schnell, wer in der Wohnanlage wohnt und wer Ihre Nachbarn sind. Auch wird leichter bemerkt, wenn sich „Fremde“ im Gebäude oder im Außenbereich aufhalten. Allerdings kann es sein, dass das Veranstaltungsprogramm nicht so vielfältig ist oder die Gemeinschaftsflächen nicht so großzügig bemessen sind.

Barrierefreiheit

Der Umzug in eine betreute Wohnanlage hat immer auch zum Ziel, möglichst lange selbstständig wohnen zu können. Dafür ist die Barrierefreiheit der Wohnung und der unmittelbaren Umgebung eine wichtige Voraussetzung.

Wenn Sie sich in der Wohnanlage ungehindert bewegen wollen, müssen die Zugänge zu den Wohngebäuden und zu Ihrer Wohnung so gestaltet sein, dass Sie keine Hindernisse überwinden müssen. Daher sollten:

- die Wege zu den Gebäuden und Gemeinschaftseinrichtungen,
- die Eingänge zur Wohnanlage und zur Wohnung,
- die Gemeinschaftseinrichtungen wie Flure, Aufenthaltsräume, Fernseh- und Lesezimmer, Cafés, Gymnastikräume, Waschküchen, Speise- und Arbeitsräume,
- der Gartenbereich und
- die Wohnung selbst

leicht von älteren Menschen genutzt werden können.

Zudem sollten Sie sich in der Wohnanlage gut orientieren können. Bedenken Sie auch hier wieder, dass Sie mit zunehmendem Alter vielleicht Unterstützung beim Gehen benötigen und mit normalen Treppen nicht mehr so leicht zurechtkommen. Auch werden Ihnen vielleicht in der Zukunft körperliche Beeinträchtigungen Probleme bei der Orientierung bereiten. Daher sind farbliche Wegeleitsysteme und eine ausreichend große Beschilderung von Vorteil.

Privatsphäre

Im Unterschied zu Altenpflegeheimen verfügen Sie in den neuen Wohnformen über eine eigene, abgeschlossene Wohnung. Es ist ja das Ziel von betreute Wohnanlagen, Seniorenresidenzen/

Wohnstiften oder auch von alternativen Wohnformen, dass Sie wie in einer normalen Wohnung selbstständig leben. Damit Ihre Privatsphäre ausreichend gewahrt wird, sollten jedoch bestimmte Faktoren gegeben sein:

- Verfügen Sie über einen eigenen Haustür-/Wohnungsschlüssel, einen eigenen Briefkasten und ein Namensschild?
- Können Sie die Heizung selbst regulieren?
- Können Sie die Wohnung mit Ihren eigenen Möbeln einrichten?
- Gibt es Einschränkungen für Ihre persönliche Lebensführung in der Hausordnung (Empfang von Besuchern, Abmeldung von Mahlzeiten o. ä.)?
- Gibt es einen Sichtschutz für die Wohnung (bei Balkonen und für Erdgeschosswohnungen)?
- Hat jeder Zugang zu den privaten Fluren vor den Wohnungstüren?
- Gibt es eine Gegensprechanlage?

Auch wenn Sie regen Kontakt mit Ihren Nachbarn wünschen, bleibt die Wohnung Ihr privater Rückzugsort und sollte daher auch genügend Schutz für Ihre Privatsphäre bieten.

Größe und Schnitt der Wohnung

Die Wohnung sollte so beschaffen sein, dass Sie sich wohl fühlen. Damit ist nicht nur die altersgerechte Ausstattung gemeint, sondern auch die Größe der Wohnung. Welche Wohnungsgröße Sie benötigen, hängt von Ihren Bedürfnissen und Gewohnheiten ab. Untersuchungen zeigen, dass ältere Menschen in der Regel knapp 21 Stunden am Tag in ihrer Wohnung verbringen – die Wohnung ist daher der zentrale Lebensmittelpunkt.

Die meisten Angebote auf dem Markt bieten Wohnungsgrößen

zwischen 30 m^2 und 60 m^2. In Augsburg gaben befragte Bewohner von betreuten Wohnanlagen an, dass sie ab einer Wohnfläche von 55 m^2 mit ihrer Wohnungsgröße zufrieden sind. Wohnungen unter 44 m^2 werden eher als schlecht bewertet. Insbesondere eine angemessene Küchengröße trägt zur Zufriedenheit mit der Wohnsituation bei: Oftmals ist nur eine kleine Küche integriert, sodass Abstell- und Sitzmöglichkeiten fehlen. Dabei verbringen ältere Menschen täglich durchschnittlich zweieinhalb Stunden in der Küche, vor allem, wenn sie sich selbst versorgen und nicht auf das Verpflegungsangebot in der Anlage zurückgreifen möchten.

Gefragt sind zunehmend Zweizimmerwohnungen, damit eine Trennung von Schlaf- und Wohnbereich gegeben ist. Viele Einrichtungen bieten allerdings nur Einzimmerwohnungen an, vor allem, wenn sie mit öffentlichen Fördermitteln gebaut wurden.

Die Appartements sollten vollständig ausgestattet sein – also neben dem Wohnbereich auch über eine Küche oder Küchenzeile sowie über ein Bad/WC verfügen, damit Sie unabhängig Ihren Haushalt führen können.

Achten Sie bei der Besichtigung auch auf Kleinigkeiten wie Abstellmöglichkeiten, Höhe und Anzahl der Steckdosen oder Reinigungsbedarf des Fußbodenbelags. Prüfen Sie auch, wie gut Sie die Fenster öffnen, Heizungsregler und sonstigen technischen Geräten bedienen können.

Beurteilung der Gemeinschaftseinrichtungen

Sie sollten beurteilen, ob entsprechende Räume für Aktivitäten oder Hobbys vorhanden sind, die Ihnen wichtig sind. Mit zunehmendem Alter werden Sie sich wahrscheinlich zunehmend in der Wohnanlage aufhalten, sodass Sie auf entsprechende Angebote angewiesen sein könnten. Überlegen Sie, was für Ihre Bedürfnisse unverzichtbar ist:

- Aufenthaltsbereiche, evtl. mit Teeküche
- Cafeteria mit regelmäßigen Öffnungszeiten
- Räumlichkeiten für bestimmte Freizeitaktivitäten: Bibliothek, Fernsehzimmer, Musikzimmer, Schwimmbad, Sauna, Gymnastikraum etc.
- Geschäfte wie Kiosk, Friseur, Fußpflege
- Gästezimmer für Ihren Besuch
- Waschküche mit Trocknungsmöglichkeiten
- Garten für die Eigennutzung
- Zentrales Pflegebad mit einer Badewanne
- Arztpraxis

Als Mindestausstattung sollte ein Besprechungsraum vorhanden sein, in dem Sie die Betreuungskraft regelmäßig antreffen können. Dieser sollte so offen gestaltet sein, dass er zur Kontaktaufnahme einlädt. Auch kleinere Sitzgelegenheiten in den Fluren oder sonstige – räumliche – Möglichkeiten zur Kontaktaufnahme mit Ihren Nachbarn sollten vorhanden sein.

Achten Sie bei einer Besichtigung auch darauf, dass die Gemeinschaftsräume barrierefrei, d. h. ohne störende Schwellen, und gut erreichbar sind.

Wenn Sie Wert auf pflegerische Leistungen legen, sollten Sie erfragen, ob es einen eigenen Pflegestützpunkt bzw. eine eigene Pflegeabteilung im Haus gibt oder ob die Anlage mit einem benachbarten Pflegeheim kooperiert.

Ein größeres räumliches Angebot an Gemeinschaftseinrichtungen führt zu höheren Kosten als eine Minimalausstattung. Diese werden immer in der Miete mit veranschlagt. Vor allem Wohnstifte/Seniorenresidenzen sind deshalb so teuer, weil sie ein großes Angebot an Gemeinschaftseinrichtungen vorhalten, das entsprechend finanziert und unterhalten werden muss.

Betreuungsleistungen

Neben dem Wohnangebot bietet betreutes Wohnen – im Gegensatz zu alternativen Wohnangeboten – eine Reihe von professionellen Serviceleistungen. Diese Leistungen werden entweder von dem Betreiber der Wohnanlage durch eigenes Personal oder von externen Dienstleistungsunternehmen (z. B. Sozialstationen) durchgeführt.

Die Angebotsmöglichkeiten sind vielfältig, lassen Sie sich aber nicht täuschen: Ein umfassendes Angebot an Serviceleistungen sagt noch nichts über die Qualität einer Einrichtung aus. Diese können Sie nur selbst überprüfen, indem Sie z. B. an Veranstaltungen teilnehmen oder mit anderen Bewohnern sprechen.

Prüfen Sie bei der Auswahl einer betreuten Wohnanlage auch, ob die angebotenen Serviceleistungen Ihren jetzigen und voraussichtlich zukünftigen Bedürfnissen entsprechen – denn nur wenn Ihre eigenen Wünsche berücksichtigt werden, sind Sie nachher zufrieden. Der Fragebogen im Anhang hilft Ihnen, dies genau festzustellen.

Unterschiede zwischen Grund- und Wahlleistungen

Die verschiedenen Serviceleistungen werden in Form von Grund- oder Wahlleistungen angeboten.

Die Grundleistungen, auch als „Grundpauschale“ bezeichnet, werden, egal ob Sie die Leistungen in Anspruch nehmen oder nicht, abgerechnet. Bei den Wohnstiften/Seniorenresidenzen sind sie im so genannten „Wohnentgelt“ oder „Pensionspreis“ enthalten. Da bei den Wohnstiften/Seniorenresidenzen fast alle Serviceleistungen als Grundleistungen angeboten werden, ist der Pensionspreis entsprechend hoch.

Wahlleistungen dagegen müssen Sie nur bei Inanspruchnahme bezahlen. Hier haben Sie auch die Wahl, das Angebot der Wohnanlage oder einen anderen externen Anbieter zu nutzen. So können Sie z. B. das Mittagessen im Restaurant einnehmen oder aber einen Mahlzeitendienst beauftragen.

Die Aufteilung der Leistungen in Grund- und Wahlleistungen ist von Wohnanlage zu Wohnanlage sehr unterschiedlich. Während bei den einen nur die Leistungen der Betreuungskraft pauschal abgegolten werden müssen, ist bei anderen der Anteil der pauschal zu bezahlenden Leistungen viel größer und beinhaltet z. B. auch noch die Reinigung der Wohnung.

Bedenken Sie, dass Sie sich bei der Auswahl einer Wohnanlage nicht nur für eine bestimmte Wohnung, sondern auch für ein bestimmtes Leistungsangebot entscheiden. Ein umfassendes, pauschal verpflichtendes Grundleistungsangebot zwingt Sie u. U. dazu, regelmäßig Leistungen zu bezahlen, die Sie gar nicht benötigen. Grundprinzip betreuter Wohnanlagen sollte sein, nur ein Mindestmaß an Leistungen pauschal verpflichtend anzubieten.

Natürlich hängt diese Entscheidung aber auch von Ihren Bedürfnissen ab: Wenn es Ihnen wichtig ist, Ihr Leistungspaket möglichst individuell nach Ihrer Bedürfnislage zusammenzustellen, sollten Sie eine Anlage bevorzugen, die eine geringe Grundpauschale mit wenigen Leistungen anbietet. Wenn Sie lieber eine „All-inclusive-Versorgung" wünschen – und bezahlen möchten –, könnte ein Wohnstift/eine Seniorenresidenz für Sie das richtige Angebot sein.

Anforderungen an Serviceleistungen

Die Serviceleistungen einer betreuten Wohnanlage sollten bestimmten Qualitätsanforderungen entsprechen. Erfahrungsgemäß ist es sehr schwierig, die Qualität von Dienstleistungsangeboten einzuschätzen. Dienstleistungen sind immateriell, d. h. nicht greifbar, und die Qualität ist erst nach Erbringung der Leistung wirklich zu beurteilen. Daher ist es nicht verwunderlich, dass sich die häufigsten Konflikte in Seniorenwohnanlagen weniger durch Unzufriedenheit mit dem Wohnangebot als durch Unzufriedenheit mit dem Dienstleistungsangebot ergeben:

- Enttäuschung entsteht, wenn im Vorfeld überzogene oder unrealistische Vorstellungen an das Leistungsangebot bestehen.
- Manchmal treffen Betreiber unklare Aussagen über den Leistungsinhalt, die später zu Missverständnissen führen.
- Teilweise können Einrichtungen Mindestanforderungen an die Qualität eines Dienstleistungsangebotes nicht erfüllen.

Welche Bedingungen sollten die Serviceleistungen erfüllen?

Damit man überhaupt von einem betreuten Wohnen sprechen kann, ist es wichtig, dass ein Mindestmaß an Betreuungsleistungen vorhanden ist. Hierzu gehört vor allem die regelmäßige individuelle Betreuung vor Ort. Sie schafft den Unterschied zwischen einer normalen Wohnung und einer betreuten Wohnung. In alternativen Wohnformen sollen diese Leistungen teilweise durch die angestrebte Nachbarschaftshilfe abgedeckt werden, teilweise werden sie privat mit externen Dienstleistern organisiert. Hier müssen im Vorfeld die Erwartungen und Vorstellungen mit den anderen Mitbewohnern der Gemeinschaft geklärt werden.

Allgemeine Betreuung

Wenn in einem Prospekt eines Wohnstifts „Allgemeine Betreuung durch die Etagendamen“ versprochen wird, kann dies mit unterschiedlichen Vorstellungen verbunden sein. Sie könnten erwarten, dass Sie jederzeit einen persönlichen Ansprechpartner haben, der mit Ihnen gemeinsam Spaziergänge macht, Einkäufe erledigt oder Ihnen bei der Körperpflege hilft. Einen Service in diesem Umfang finden Sie jedoch im betreuten Wohnen meistens nicht.

Die folgenden Leistungen können Sie aber bei einer solchen Formulierung durchaus erwarten:

- Eine qualifizierte Erstberatung vor Vertragsabschluss,
- regelmäßige Beratung nach Bedarf zu festen Sprechstunden oder nach Vereinbarung zu Fragen der alltäglichen Lebensführung, zu Hilfemöglichkeiten und zur Wohnsituation sowie zu Hilfen bei der Antragstellung für Leistungen, die der Pflege, Betreuung und ärztlichen Versorgung dienen,
- regelmäßige Erstellung von Übersichten und Bekanntmachung über die für die Bewohner in Frage kommenden Dienstleistungs- und Freizeitangebote,
- Information über die Notrufgeräte und Einübung in deren Handhabung,
- Information über die staatlichen Sozial- und Leistungsgesetze,
- Vermittlung von Hilfsdiensten zur Erleichterung des Alltags sowie Vermittlung von Hilfen im Not-, Krankheits- und Pflegefall,
- Entgegennahme und Bearbeitung von Beschwerden.

Wenn Sie darüber hinausgehende Dienstleistungen wünschen, müssen sie – als Wahlleistungen – wahrscheinlich zusätzlich organisiert und finanziert werden.

Soziale und kulturelle Betreuung

In vielen betreuten Wohnanlagen gehören zu den Grundleistungen auch die soziale und kulturelle Betreuung. Dies bedeutet, dass regelmäßig Veranstaltungen und Treffen organisiert werden und die Betreuungskräfte Anregungen geben, um die Kontakte untereinander, aber auch die Selbst- und Nachbarschaftshilfe zu fördern. Wenn die Anbieter mit solchen Leistungen werben, sollten diese auch regelmäßig erbracht werden.

Prüfen Sie, ob die von Ihnen ausgewählte Einrichtung folgende Leistungen anbietet:

- Wie oft werden im Jahr Gemeinschafts- oder Freizeitveranstaltungen durchgeführt? Lassen Sie sich Veranstaltungskalender der letzten Monate zeigen. Prüfen Sie auch, ob zusätzliche Kosten anfallen und wenn ja, ob sie in angemessener Höhe sind.
- Können an den Veranstaltungen auch externe Besucher teilnehmen?
- Wie erfolgt die Vertretung der Betreuungskraft bei Urlaub oder Krankheit?
- Werden Hilfen zum Aufbau einer Hausgemeinschaft angeboten, indem Kontakte vermittelt werden, Konflikte geschlichtet oder Nachbarschaftshilfe unterstützt wird?
- Gibt es auch an den Wochenenden Angebote?
- Werden auch Urlaubsreisen angeboten?
- Haben Sie die Möglichkeit, private Feiern in den Gemeinschaftsräumen auszurichten?

Hilfeleistungen im Not-, Krankheits- und Pflegefall

Die meisten älteren Menschen ziehen in ein betreutes Wohnen, um im Not-, Krankheits- oder Pflegefall Hilfe und Unterstützung zu erhalten. Deshalb gehören die Notrufsicherung sowie ein Angebot von Leistungen bei vorübergehender Erkrankung bzw. bei dauerhafter Pflege in vielen Seniorenwohnanlagen zum Leistungsangebot dazu. Solche Sicherheitsleistungspakete können aber sehr unterschiedlich gestaltet sein.

Hausnotruf

Der Hausnotruf gehört bei den meisten betreuten Wohnanlagen und Wohnstiften zum Regelleistungspaket, das heißt, alle Wohnungen sind an eine Notrufanlage angeschlossen und es gibt eine 24-Stunden-Rufbereitschaft. Einige Einrichtungen bieten jedoch auch Systeme, die Sie erst dann anschließen können, wenn wirklich Bedarf besteht und Sie müssten auch erst dann dafür monatliche Kosten entrichten.

Notrufsysteme können verschieden technisch ausgestattet sein:

- Die Notrufanlage kann ein verkabeltes System sein, bei dem durch den Druck auf eine Taste ein Zeichen auf dem Flur oder in einer Zentrale ausgelöst wird. Der Alarm sollte an mindestens zwei Stellen der Wohnung auszulösen sein.
- Daneben gibt es mittlerweile flexible Notrufsysteme, bei denen ein Standardgerät an das Telefonnetz angeschlossen wird. Bei Drücken eines Schalters am Standardgerät wird eine telefonische Sprechverbindung mit der Notrufzentrale hergestellt.
- Die Verbindung zwischen Anrufer und Zentrale kann auch durch Knopfdruck an einer Fernbedienung, die man permanent bei sich trägt, zustande kommen. Der so genannte Funkfinger hat den Vorteil, dass der Notruf auch ausgelöst werden kann, wenn man z. B. gestürzt ist und nicht mehr aufstehen kann. Ein solches Notrufgerät kann jederzeit bei Bedarf installiert und aktiviert werden.

Wichtig bei den verschiedenen Notrufsystemen und Arten der Notrufsicherung ist:

- dass die Notrufsicherung bei Bedarf innerhalb von 24 Stunden installiert werden kann,
- dass von mindestens zwei Stellen innerhalb der Wohnung der Notruf aktiviert werden kann,
- dass die Notrufsicherung rund um die Uhr abgedeckt ist,
- dass nach der Notrufauslösung sofort Hilfsmaßnahmen eingeleitet werden.

Informieren Sie sich, ob die Rufbereitschaft mit hauseigenem Personal oder mit externen Notrufdiensten gewährleistet wird. Wenn die Notrufsicherung mit hauseigenem Personal organisiert wird, haben Sie den Vorteil, im Notfall von vertrautem Personal versorgt zu werden. Dies kann aber unter Umständen teurer sein als eine Versorgung durch externe ambulante Notrufdienste, da dafür rund um die Uhr Personal in der Wohnanlage zur Verfügung stehen muss.

Wenn ein externer Dienstleister den Notruf übernimmt, erkundigen Sie sich, wie lang die Wegezeit ist, wie lange Sie also im Notfall auf Hilfe warten müssen. Die Wartezeit sollte nicht mehr als 15 Minuten betragen. Wichtig ist auch, dass der Notrufzentrale Ihre Daten vorliegen, also die Adresse und die Wohnungsnummer sowie auch Angaben über bestehende Erkrankungen, um im Notfall schnell reagieren zu können.

Einige Wohnanlagen, insbesondere aber Wohnstifte/Seniorenresidenzen, bieten auch Kontrollsysteme, meist über den Hausnotruf, an. Dies bedeutet, dass einmal am Tag überprüft wird, ob es Ihnen gut geht. Dazu wird ein Kontrollanruf getätigt oder Sie müssen einen Knopf an Ihrem Notrufgerät aktivieren. Ein solches Kontrollsystem kann das Risiko verringern, nach einem Sturz länger hilflos zu liegen. Es heißt aber auch, dass Sie sich immer abmelden müssen, wenn Sie einmal unterwegs sind oder z. B. spontan außer Haus übernachten möchten.

Hilfe bei der hauswirtschaftlichen Versorgung

Auch die Unterstützung bei der Führung des Haushalts kann ein Motiv für den Umzug in eine betreute Wohnanlage sein: Man möchte sich nicht mehr mit dem Zubereiten von Mahlzeiten oder der Wohnungsreinigung belasten oder kann aufgrund gesundheitlicher Einschränkungen diese Tätigkeiten nicht mehr so leicht ausführen.

Viele Wohnanlagen bieten daher auch Hilfen bei der hauswirtschaftlichen Versorgung, wie z. B. Verpflegungsangebote, Wohnungsreinigung, Wäschedienste an. In einigen Wohnanlagen können diese Dienste nach Bedarf gewählt und nur bei Inanspruchnahme bezahlt werden. In vielen Wohnstiften/Seniorenresidenzen sind zumindest Teile dieser Leistungen im Grundservice und damit verpflichtend enthalten.

Informieren Sie sich, welche hauswirtschaftlichen Dienstleistungen die Einrichtung maximal anbietet, welche davon in der Grundpauschale enthalten sind, ob Sie Wahlleistungen auch von externen Anbietern annehmen können und welche Versorgungsmöglichkeiten es gibt, wenn sich Ihr Gesundheitszustand verschlechtert.

Befragungen haben gezeigt, dass die hauswirtschaftlichen Leistungen weit weniger von Bewohnern des betreuten Wohnens in Anspruch genommen werden als die Anbieter annehmen. Wohnungsreinigung oder Wäschepflege wird auch im betreuten Wohnen eher selbst oder durch Familienangehörige erledigt.

Insgesamt sollten Sie daher bei der Prüfung der Wohnanlage darauf achten, dass die hauswirtschaftlichen Leistungen möglichst nur in den Wahlleistungen enthalten sind. Je mehr hauswirtschaftliche Leistungen wählbar sind, desto individueller können Sie den Service und die Betreuung auf Ihre Bedürfnisse abstimmen. Bedenken Sie außerdem, wenn Sie die hauswirtschaftlichen Leistungen selbst erbringen, bewahren Sie sich länger Ihre Selbstständigkeit.

Haustechnik und haustechnische Dienste

Zur Haustechnik einer Wohnanlage gehören in der Regel Telefonanschlüsse, Notrufanlage, Rundfunk- und Fernsehanschlüsse, Heizung, Warm- und Kaltwasserversorgung, Türöffnungsanlagen sowie die Gewährleistung der Müllbeseitigung.

In den meisten Wohnstiften/Seniorenresidenzen verfügen alle Wohnungen über einen Telefonanschluss, mit dem extern und intern telefoniert werden kann. Die Telefonkosten sollten den üblichen Gebühren entsprechen und ohne einen Aufschlag berechnet werden. Leider ist dies nicht überall selbstverständlich, erkundigen Sie sich daher genau über die Grundgebühren und die Einheiten für kostenpflichtige Telefongespräche.

Die Wartung der technischen Anlage übernimmt in vielen Wohnanlagen der Hausmeister. Er hat daneben noch weitere Aufgaben, z. B. Schneeschippen, Sauberhalten von Wegen und Gemeinschaftsflächen, Gartenarbeit, Mülltonnen rausstellen. Die Kosten für diese Tätigkeiten stellen die Betriebsnebenkosten dar. Sie werden mit der Miete abgerechnet.

Einige Wohnanlagen bieten neben diesen normalen Hausmeisterleistungen „kleine handwerkliche Tätigkeiten“ als weitere Serviceleistungen an, z. B. Glühbirnen auswechseln, Möbel verrücken oder Bilder aufhängen. Nicht selten sind diese in den Grundleistungen enthalten, d. h. Sie können den Hausmeister in kleinerem Umfang für Reparaturen oder sonstige Aufträge beanspruchen, ohne dafür extra bezahlen zu müssen. Hier müssen Sie darauf achten, dass Sie nicht eine überhöhte Pauschale für Leistungen bezahlen, die sowieso zu den Aufgaben des Vermieters zählen wie die Reparatur eines tropfenden Wasserhahns oder der Austausch eines Heizungsventils. Diese Kosten sind schon über die Miete abgedeckt.

Manche Wohnanlagen bieten Handwerkerleistungen als Wahlleistungen an, das heißt, Sie müssen die Materialleistungen und Arbeitskosten nur bei Inanspruchnahme bezahlen.

Viele kleine Reparaturleistungen, für die der Vermieter nicht zuständig ist, sind jedoch einfache handwerkliche Tätigkeiten, die einen normalen Stundensatz für einen Facharbeiter von 30 € bis 40 € nicht rechtfertigen.

Unterstützung bei vorübergehender Erkrankung

Um dem Sicherheitsbedürfnis Rechnung zu tragen, bieten viele Einrichtungen auch aktive Hilfe im Krankheitsfall an. Bei den meisten Wohnstiften gehört dies zum Grundleistungsangebot, das heißt, es muss von Ihnen bezahlt werden, auch wenn Sie diese Leistungen nicht in Anspruch nehmen.

Das Problem hierbei ist, dass häufig nicht eindeutig geregelt ist, welche Leistungen die Einrichtung bietet. Bei Beschreibungen wie „allgemeine Pflege bei leichter, vorübergehender Erkrankung“ wissen Sie nicht, welche Leistungen tatsächlich über welchen Zeitraum erbracht werden. In diesem Fall sollten Sie sicherstellen, dass mindestens folgende Hilfen im Krankheitsfall für einen genau definierten Zeitraum im Jahr gewährleistet werden:

- Hilfe bei der körperlichen Pflege
- Hilfe bei der Grundversorgung (Unterstützung beim Ankleiden, Organisation der Mahlzeiten etc.)

- Erste Hilfemaßnahmen, Benachrichtigung des Arztes und der Angehörigen
- Organisation des Transportes und evtl. des Übergangs in das Krankenhaus
- Notwendige Erledigungen im Haushalt während des Krankenhausaufenthaltes, z. B. Blumen gießen, Briefkasten leeren.

Wenn ein Krankenhausaufenthalt unumgänglich ist, sollte die Einrichtung mit dem Krankenhaussozialdienst kooperieren. Fragen Sie auch nach, ob es einen Besuchsdienst gibt, der Ihnen Wäsche oder andere persönliche Gegenstände ins Krankenhaus bringt. Wünschenswert wäre auch eine spezielle Regelung für die unmittelbare Versorgung nach dem Krankenhausaufenthalt.

Pflegerische Leistungen

Die meisten älteren Menschen möchten – auch wenn sie dauerhaft pflegebedürftig sind – in der vertrauten Umgebung bleiben. Ein Umzug in ein betreutes Wohnen erfolgt denn auch in der Erwartung, bei Pflegebedürftigkeit nicht in ein Altenpflegheim wechseln zu müssen, sondern in der Wohnung bleiben zu können und von Pflegediensten versorgt zu werden.

Nicht immer können die Betreiber von betreuten Wohnanlagen jedoch sicherstellen, dass Bewohner bei Schwerstpflege oder Verwirrtheit in der Wohnung bleiben können. Selbst Wohnstifte/Seniorenresidenzen können nicht immer gewährleisten, dass Sie nicht mehr umziehen müssen. Viele Wohnanlagen haben für solche Fälle eigene Pflegewohnungen oder Pflegeabteilungen, in die Sie dann wechseln können. Es gibt aber häufig keine eindeutigen Regelungen über die Umstände, unter denen Sie wechseln müssen, z. B. bei bestimmten Krankheitsbildern bzw. Schweregrad der Pflegebedürftigkeit und wer dies entscheidet. Erkundigen Sie sich daher genau nach den Leistungsgrenzen der Einrichtung in diesem Bereich.

Auf Pflege angewiesen zu sein, bedeutet nicht nur den Verlust der Selbstständigkeit, sondern einen Eingriff in die Intimsphäre. Erkundigen Sie sich daher, wie die Pflegeleistungen aussehen, die von dem Betreiber der Wohnanlage oder dem Pflegedienst angeboten werden. Pflege beinhaltet nicht nur die körperliche Grundversorgung; sie soll ebenso vorhandene Fertigkeiten erhalten, chronische Krankheiten vermeiden, den Gesundheitszustand verbessern, die Selbstständigkeit fördern und die Leistungsfähigkeit trainieren helfen.

Sie sollten in diesem Zusammenhang überprüfen, ob der Pflegedienst der Wohnanlage Vertragspartner der Kranken- und Pflegekassen ist. Falls dies der Fall ist, muss er bestimmte qualitative Anforderungen erfüllen, gleichzeitig ist auch eine reibungslose finanzielle Abwicklung mit Ihrer Pflegekasse gewährleistet: Der Pflegedienst rechnet dann direkt mit der Kasse ab.

Prüfung der Kosten

Regelmäßige monatliche Kosten

Nicht nur die Leistungen, sondern auch die Kosten für betreutes Wohnen können sehr unterschiedlich sein. Dies betrifft sowohl die regelmäßigen monatlichen Kosten als auch einmalige Kosten beim Einzug in die Einrichtung.

Nicht immer werden die Kosten für Miete und Betreuung separat ausgewiesen. Es gibt eine Reihe von betreuten Wohnanlagen – hierzu gehören in der Regel auch Wohnstifte und Seniorenresidenzen –, die Pauschalpreise erheben, wie dies auch für Heime mit den so genannten Heimentgelten üblich ist.

Sie sollten insgesamt keine Pauschalpreise akzeptieren, sondern um eine differenzierte Aufschlüsselung der Kosten bitten – sowohl die Leistung als auch die Kosten sollten transparent dargestellt werden.

Planen Sie bei Ihrer Finanzaufstellung auch Ressourcen für zukünftige Kostensteigerungen ein. Erkundigen Sie sich, wie stabil die Preise in der Vergangenheit waren, und mit welchen Steigerungen Sie eventuell in naher Zukunft rechnen müssen. Lassen Sie sich in diesem Zusammenhang auch die Betriebskostenabrechnung der letzten Jahre zeigen, um zu überprüfen, wie realistisch die Kosten angesetzt sind und ob Nachzahlungen in diesem Bereich auf Sie zukommen.

Mögliche weitere Kosten

Neben den regelmäßigen monatlichen Kosten für Wohnung, Betreuung und eventuelle hauswirtschaftliche Versorgung müssen Sie für Wahlleistungen wie hauswirtschaftliche Versorgungs- sowie Pflegeleistungen oder Freizeitaktivitäten noch weitere Aufwendungen einplanen. Bedenken Sie, dass diese Kosten beträchtlich sein können, wenn Sie vielleicht in Zukunft nicht mehr so selbstständig haushalten können und eventuell regelmäßig auf Unterstützung und Pflege angewiesen sind.

Viele Wohnstifte/Seniorenresidenzen erheben zusätzlich ein verzinstes Wohndarlehen, das zur Instandhaltung und als Rücklage verwendet wird. Damit „kaufen“ Sie sich in die Einrichtung ein. Ebenso kann – wie in „normalen“ Wohnungen – eine Kaution als Sicherheitsleistung verlangt werden.

Es gibt Einrichtungen, die Bearbeitungsgebühren für die Anmeldung oder den Einzug oder Vertragsabschlussgebühr erheben. Dies ist keinesfalls üblich. Fragen Sie deshalb genau nach und bitten Sie um eine nachvollziehbare Begründung.

Finanzierung der Kosten

Klären Sie zunächst, welche Finanzierungsquellen Ihnen zur Verfügung stehen. Die wichtigsten Quellen sind Rente und sonstige Einkünfte, Vermögen und Leistungen aus der Pflegeversicherung.

Pflegeversicherung

Anspruch auf Leistungen aus der Pflegeversicherung haben nur Personen, die wegen einer körperlichen, geistigen oder seelischen Krankheit oder Behinderung im täglichen Leben dauerhaft, d. h. mindestens sechs Monate, auf Hilfe angewiesen sind. Träger der Pflegeversicherung sind die Pflegekassen, die an die gesetzlichen Krankenkassen angeschlossen sind. Dort bekommen Sie die Antragsformulare für Leistungen der Pflegeversicherung. Die Höhe der Leistungen richtet sich nach der Hilfe- und Pflegebedürftigkeit und wird unabhängig von eigenen finanziellen Mitteln gewährt. Allerdings ist die Pflegeversicherung keine Vollversicherung, d. h. Sie müssen immer damit rechnen, dass Sie selbst oder – wenn Sie dazu nicht in der Lage sind –, Ihre nächsten Angehörigen oder das Sozialamt zuzahlen müssen.

Lassen Sie sich von Ihrer Pflegekasse oder einem sozialen Dienst beraten, wenn Sie denken, dass Sie Anspruch auf Leistungen aus der Pflegeversicherung haben. Auch Beratungsstellen der Wohlfahrtsverbände oder Kommunen führen oftmals Beratungen zu Ansprüchen und zur Beantragung von Pflegeleistungen durch.

Ergänzende Sozialleistungen

Ob Sie Anspruch auf Sozialleistungen haben, ist davon abhängig, ob die Wohnanlage als eine ganz normale Wohnanlage oder als Heim betrieben wird. Wenn es einfache Wohnungen sind, können Sie die gleichen Sozialleistungen wie für eine normale Mietwohnung beziehen. Neben den Leistungen, die die Krankenkassen und die Pflegeversicherung für diejenigen vorsehen, die nicht in Heimen leben, kommen vor allem Wohngeld und Sozialhilfe in Frage. Anträge auf Sozialhilfe sind bei den Sozialämtern der Städte und Gemeinden zu stellen. Der Sozialhilfeträger übernimmt bei Bedarf die Kosten für die Wohnung, Verpflegung und Investitionen. Falls die Leistungen der Pflegeversicherung für die Pflege nicht voll ausreichen, kann das Sozialamt unter bestimmten Voraussetzungen auch hier Kosten übernehmen.

Die Übernahme der Kosten im Falle der Sozialhilfebedürftigkeit bei der Nutzung von betreuten Wohnangeboten ist in Deutschland nicht einheitlich geregelt. Viele Sozialhilfeträger erkennen die Förderwürdigkeit dieses Wohnangebotes nicht an. In einzelnen Bundesländern gibt es aber Empfehlungen, wie diese Dienstleistungen sozialhilferechtlich zu bewerten sind (z. B. in Bayern, Berlin, Hamburg, Baden-Württemberg). Bedürftige erhalten hiernach zusätzlich zu den förderwürdigen Wohnkosten 5 m^2 zusätzliche Förderfläche anerkannt. Die Zuschüsse zu den Betreuungskosten schwanken zwischen 40 und 60 € pro Monat und Person.

In welchem Umfang und unter welchen Bedingungen Sie solche Leistungen erhalten, können Sie bei Ihrem zuständigen Sozialamt bzw. den oben bereits erwähnten Beratungsstellen erfragen.

Wenn die Wohnanlage als Heim betrieben wird, wie dies bei Wohnstiften/Seniorenresidenzen der Fall ist, können Sie unter bestimmen Umständen Sozialhilfe in Anspruch nehmen, wenn Ihr Einkommen und Vermögen sowie die Leistungen naher Angehöriger für Ihre Pflege nicht ausreichen. Dabei wird auch das

Einkommen und Vermögen des Ehepartners und der unterhaltspflichtigen Kinder herangezogen. Bitte beachten Sie aber, dass der Sozialhilfeträger nicht uneingeschränkt die Kosten für eine Unterbringung in einem Wohnstift/Seniorenresidenz trägt, da das Preisniveau erheblich über dem Durchschnitt liegt. Viele Sozialhilfeträger übernehmen daher keine Kosten, die in solchen gehobenen betreuten Wohnanlagen entstehen. Sie können also nicht damit rechnen, dass das Sozialamt in jedem Fall für Sie die Kostendifferenz übernimmt. Deswegen haben viele Wohnstifte/Seniorenresidenzen auch Einkommensmindestgrenzen als Aufnahmebedingung.

Prüfung der Verträge

Rechtliche Stellung der Wohnanlage

Wenn Sie sich für eine Wohnanlage entschieden haben, auch nach einer Prüfung der Leistungen sowie der Kosten, sollten Sie zum Abschluss die Verträge einer Prüfung unterziehen. Beim betreuten Wohnen gibt es zwei unterschiedliche Arten, die angebotenen Leistungen vertraglich zu regeln:

Die Wohnanlage ist eine „normale" betreute Anlage

Es werden Wohnungen vermietet oder verkauft, für die ein Miet- bzw. Kaufvertrag abgeschlossen wird. Die Betreuungs- und Serviceleistungen werden in einem zusätzlichen Betreuungsvertrag geregelt.

Solche Wohnanlagen müssen die Schutzbestimmungen des Mietrechtes bzw. Wohneigentumsgesetzes sowie die „Allgemeinen Geschäftsbedingungen" (AGB) für die Dienstleistungsverträge erfüllen. Das Mietrecht enthält zwar rechtliche Schutzbestimmungen über die Kündigung der Wohnung oder die Erhöhung von Mieten, es enthält aber keine Kriterien, wie die Wohnungen altersgerecht gestaltet und die Betreuungsleistungen aussehen sollten.

Bewohner, die in solchen Wohnanlagen leben, genießen – was die Überlassung des Wohnraums angeht – einen breiten Schutz. Bezüglich des Betreuungsservices haben sie jedoch keine besonderen gesetzlichen Sicherheiten. Es gibt auch keine Kontrollbehörde, an die sie sich mit Beschwerden wenden können.

Die Wohnanlage wird als Heimeinrichtung geführt

Dann schließen Sie einen Heimvertrag ab, in dem alle Bedingungen zur Überlassung des Wohnraums, der Verpflegung sowie zu den Service- und Pflegeleistungen geregelt sind. Solche Einrichtungen unterstehen rechtlich den Bestimmungen des Heimgesetzes. Es beschreibt minimale Leistungsanforderungen und sieht mit der Heimaufsicht eine Kontrollbehörde vor, die für die Einhaltung der Leistungen zuständig ist und bei der Sie sich im Notfall beschweren können. Der Heimvertrag darf die gesetzlichen Bestimmungen des Heimgesetzes nicht umgehen. Regelungen, die nicht dem Heimgesetz entsprechen, sind rechtlich unwirksam.

Klären Sie daher zunächst, ob die von Ihnen ausgewählte Wohnanlage unter das Heimgesetz fällt oder nicht.

Kritische Punkte bei der Vertragsgestaltung

Einrichtungen, die offen mit Ihrer Vertragsgestaltung umgehen, stellen diese gleich mit dem übrigen Prospektmaterial zur Verfügung, damit Sie Zeit haben, sie ausführlich zu studieren. Sie sollten die Verträge genau prüfen und sich gegebenenfalls durch einen Rechtsanwalt oder die Verbraucherzentrale unterstützen lassen. Viele Verträge geben immer wieder Anlass zu Beanstandungen, weil sie unzulässige Klauseln beinhalten. In dem Vertrag sollten auf jeden Fall folgende Punkte klar und eindeutig geregelt sein:

- Regelungen zur Unterkunft/Wohnung
- Regelungen zur Verpflegung/Mahlzeitenversorgung
- Regelung zur Betreuung
- Regelungen für zusätzliche Leistungen
- Beschreibung der Entgelte und Bedingungen für deren Erhöhung
- Vertragsdauer/Kündigungsregelungen

Wenn die Einrichtung dem Heimgesetz unterliegt, ist der Betreiber verpflichtet, die Leistungen für allgemeine Pflege, für Unterkunft und Verpflegung sowie für Zusatzleistungen gesondert zu beschreiben, und die jeweiligen Preise gesondert auszuweisen.

Akzeptieren Sie jedoch in keinem Fall – auch wenn die Einrichtung nicht dem Heimgesetz unterliegt – pauschale Formulierungen oder Pauschalpreise! Prüfen Sie, ob die vertraglichen Regelungen klar und verständlich beschrieben sind.

Regelungen zur Unterkunft/Wohnung

Achten Sie darauf, dass Ihnen die Wohnung garantiert wird, für die Sie sich entschieden haben und dass Ihnen die zur Verfügung gestellte Wohnung im Vertrag exakt benannt wird. Größe und Lage sollten genau angegeben sein, ebenso die dazu gehörenden Nebenräume (z. B. Keller, Abstellmöglichkeiten) und die Ausstattung. Ein Umzug innerhalb der Einrichtung sollte nur mit Ihrem Einverständnis möglich sein.

Der Mietvertrag sollte Ihnen vertragliche Garantien für die Barrierefreiheit der Wohnung, für die technische Ausstattung und die Installation des Hausnotrufs zusichern. Wenn keine Barrierefreiheit nach DIN 18025 Teil 2 gegeben ist, sollten angemessene Regelungen für altersgerechte Umbauten und Einbauten gegeben sein.

Wenn die Wohnanlage unter das Heimgesetz fällt, muss die Ausstattung der Wohnung sowie der Anlage den Vorschriften der Heimmindestbauverordnung entsprechen. Diese liegt mit ihren Anforderungen aber noch weit unter den Standards der DIN 18025 Teil 2, die die Anforderungen an das „barrierefreie Bauen" beschreibt. Wenn die Einrichtung vertraglich sicherstellt, dass sie die Standards des barrierefreien Wohnens nach der DIN 18025 Teil 2 erfüllt, sind gesetzlich die vorgeschriebenen baulichen Anforderungen erfüllt. Wenn in den Verträgen hierzu keine konkreten Angaben gemacht sind, sollten Sie gezielt nachfragen, in welchen Bereichen das barrierefreie Wohnen nach der DIN 18025 Teil 2 erfüllt bzw. nicht erfüllt wird.

Regelungen zur hauswirtschaftlichen Versorgung

Im betreuten Wohnen können hauswirtschaftliche Leistungen Bestandteil der Grundleistungen sein. In den meisten Wohnstiften/Seniorenresidenzen gehört die hauswirtschaftliche Teilversorgung zu den Leistungen, die durch die Grundleistungen im Wohnentgelt enthalten sind.

Achten Sie darauf, dass die Leistungen genau beschrieben werden, also nicht: „Reinigung der Wohnung einmal pro Woche", sondern eine Auflistung, wie lange gereinigt und was gereinigt wird. Nicht bei allen Reinigungsunternehmen können Sie frei bestimmen, was gereinigt werden soll, da ein fester Plan besteht. Bedenken Sie dabei auch, dass ein externer Reinigungsdienst nicht unbedingt so reinigt, wie Sie selbst es tun würden. Wenn z. B. bestimmte Höhen überschritten werden, etwa beim Abstauben von Bilderrahmen oder dem Entfernen von Spinnweben an Decken, fallen teilweise zusätzliche Kosten als „Gefahrenzuschlag“ an.

Bei Verpflegungsleistungen sollte geregelt sein, wie viele Mahlzeiten in der Grundpauschale enthalten sind, welche Wahlmöglichkeiten es gibt und ob der Verpflegungspreis Getränke beinhaltet. Es sollte auch erwähnt werden, ob man Ihnen die Mahlzeiten regelmäßig bzw. bei Bedarf in die Wohnung bringt, ob Diät- oder Schonkost angeboten wird und welche zusätzlichen Kosten dafür möglicherweise entstehen. Wichtig ist auch, dass festgelegt wird, wie viel Sie erstattet bekommen, wenn Sie nicht an den Mahlzeiten teilnehmen, z. B. wenn Sie im Urlaub sind, und bis wann Sie sich abmelden müssen.

Regelungen zur Betreuung

Einer der häufigsten Motive zum Einzug in ein betreutes Wohnen ist die regelmäßige Betreuung durch geeignete Mitarbeiter. Fragen Sie, ob die Einrichtungen eine ausreichende Anzahl von Fachkräften beschäftigt, um die angebotenen Leistungen zu erbringen.

Im Vertrag sollten Art und Umfang der Betreuung klar ausgewiesen sein. Eine allgemeine Erklärung, welche Betreuungsleistungen Sie erwarten können, reicht nicht aus. Bestehen Sie auf einer detaillierten Beschreibung, sodass hinterher keine Konflikte entstehen.

Vor allem bei den sozialen und kulturellen Betreuungsleistungen sollte vertraglich genau festgelegt werden, welche Angebote im Pauschalpreis enthalten sind und welche gegen zusätzliche Kosten in Anspruch genommen werden können.

Das Heimgesetz verpflichtet Wohnstifte/Seniorenresidenzen für eine regelmäßige Betreuung Sorge zu tragen und eine bestimmte Anzahl von Fachkräften für diese Tätigkeiten zu beschäftigen. Nach der Heimpersonalverordnung dürfen betreuende Tätigkeiten nur von Fachkräften wahrgenommen werden.

Hinsichtlich der ärztlichen Versorgung gilt, dass Sie nicht verpflichtet sind, einen bestimmten Arzt (z. B. den des Wohnstiftes) in Anspruch zu nehmen. Die freie Arztwahl kann auch durch Einrichtungen, die nach dem Heimgesetz betrieben werden, nicht ausgeschlossen werden.

Regelungen für zusätzliche Leistungen

Im Vertrag müssen auch alle Sonderleistungen nach Art und Umfang sowie mit den entsprechenden Kosten genau beschrieben werden.

Regelung der Kosten und Bedingungen für deren Erhöhung

Der Vertrag muss genau auflisten, welche Kosten Sie für das Wohnen und die Betreuungsleistungen in der Einrichtung zu entrichten haben. Dabei muss unterschieden werden zwischen den regelmäßigen Kosten – also den Grundleistungen, die Sie regelmäßig jeden Monat bezahlen müssen – und den Zusatzkosten – also den Wahlleistungen, die Sie nur dann bezahlen müssen, wenn Sie diese tatsächlich in Anspruch genommen haben.

Prüfen Sie genau, welche Vergütungsregelungen für Zeiten der Abwesenheit wie Urlaub oder Kuraufenthalt vorgesehen sind. Viele Einrichtungen sind bereit, dem Bewohner für den Zeitraum seiner Abwesenheit die Kosten für die ersparten Aufwendungen z. B. im Bezug auf die Verpflegung, zu erstatten. Inwieweit auch bei Abwesenheit die Kosten für die Pflege gezahlt werden müssen, hängt von den Rahmenverträgen ab, die die Pflegekassen mit dem Einrichtungsträger bzw. Anbieter der Pflegeleistungen abgeschlossen haben.

Hat die Einrichtung einen Versorgungsvertrag mit der Pflegekasse bzw. dem Pflegedienst in der Wohnanlage, werden die Pflegeleistungen quasi im Auftrag der Pflegekasse erbracht. Deren Leistungen werden direkt abgerechnet. Über ihre Höhe kann die Einrichtung bzw. der Pflegedienst jedoch nicht frei entscheiden – sie wird in Verhandlungen mit den Pflegekassen festgelegt.

Der Mietvertrag für das Wohnen orientiert sich wie jeder Mietvertrag an den gesetzlichen Bestimmungen des Bürgerlichen Gesetzbuches (BGB). Mieterhöhungen außerhalb der gesetzlichen Vorschriften sollten nicht vorgesehen sein.

Erhöhungen der Kosten für die Betreuungsleistungen sollten sich am Preisindex für die allgemeine Lebenshaltung, der vom Statistischen Landesamt herausgegeben wird, orientieren. Darüber hinausgehende Erhöhungen sollten nur mit Ihrer Zustimmung erfolgen dürfen.

Achten Sie auch darauf, dass Leistungen nicht doppelt abgerechnet werden, wenn bestimmte Leistungen bereits in den Nebenkosten enthalten sind, wie z. B. die Pflege der Gartenanlage.

Eine Einrichtung, die dem Heimgesetz unterliegt, darf nicht willkürlich höhere Kosten in Rechnung stellen. Eine Erhöhung der Kosten ist im Heimgesetz explizit geregelt. Sie ist nur zulässig, wenn sich die bisherige Berechnungsgrundlage verändert hat und die Erhöhung angemessen ist, d. h. das Preis-Leistungs-Verhältnis muss sich in einem vernünftigen Rahmen bewegen. Durch diese Bestimmung wird dem Bewohner garantiert, dass nicht willkürlich Mehrforderungen gestellt werden können. Die Erhöhung des Entgelts bedarf zusätzlich der Zustimmung des Bewohners.

Besonders geschützt werden durch das Heimgesetz Bewohner, die dem Einrichtungsträger finanzielle Mittel vor oder beim Einzug ins Heim zur Verfügung stellen, wie dies bei vielen Wohnstiften/Seniorenresidenzen der Fall ist. Das Heimgesetz besagt für solche Fälle ausdrücklich, dass Vorauszahlungen und verschiedene andere Leistungen für die Überlassung einer Wohnung zu verzinsen und zurückzuzahlen sind, soweit sie nicht mit den Kosten verrechnet werden. Wenn das Darlehen mit den monatlichen Kosten verrechnet wird, muss eindeutig festgelegt werden, wann welche Beträge angerechnet werden.

Vertragsdauer/Kündigungsregelungen

Im Vertrag sollte auf jeden Fall das genaue Datum des Einzugs stehen, damit Sie sicher sein können, dass Ihre Wohnung zur vereinbarten Zeit zur Verfügung steht. In der Regel wird der Vertrag auf unbestimmte Zeit geschlossen.

Ein besonderes Augenmerk beim betreuten Wohnen gilt dem gesetzlichen Kündigungsschutz. Eine Kündigung der Wohnung wegen Eigenbedarfs sollte ausgeschlossen werden. Ebenfalls sollte eine Kündigung wegen Pflegebedürftigkeit nicht erfolgen können. Sie sollten jedoch versuchen, ein Sonderkündigungsrecht zu bekommen, für den Fall, dass sich Ihr Gesundheitszustand verschlechtert und sie ausziehen müssen.

Der Betreuungsvertrag sollte ebenfalls konkrete Kündigungsfristen enthalten. Empfehlenswert ist ein automatisches Ende mit Ende des Mietverhältnisses. Ein Sonderkündigungsrecht, wenn vereinbarte Leistungen nicht oder nicht in vollem Umfang angeboten werden, sichert Ihnen die Möglichkeit, ggf. zu einem anderen Anbieter zu wechseln.

Auch bei Wohnanlagen, die dem Heimgesetz unterliegen, kann der Träger des Wohnstiftes den Vertrag nur aus wichtigen Gründen und nur schriftlich kündigen. Das ist z. B. der Fall:

- wenn das Wohnstift geschlossen, verkleinert oder umstrukturiert wird,
- wenn Bewohner aufgrund ihres geistigen oder körperlichen Zustandes nicht mehr in dieser Wohnanlage betreut werden können,
- wenn Bewohner vertragsbrüchig geworden sind,
- wenn Bewohner nicht bezahlen.

Der Bewohner kann den Vertrag jederzeit, ohne Angabe eines Grundes, schriftlich mit einer Frist von zwei Monaten kündigen. Kündigen Sie an einem der ersten drei Tage des Monats, wird die Kündigung zum Ende des nächsten Monats wirksam. Darüber hinaus haben Sie ein außerordentliches Kündigungsrecht: Ein Bewohner kann den Vertrag fristlos kündigen, wenn ihm die Fortsetzung des Vertrages aus einem wichtigen Grund nicht zuzumuten ist.

Stirbt der Bewohner, endet der Vertrag automatisch. In manchen Einrichtungen endet der Vertrag erst einen Monat nach dem Sterbemonat, dies ist gesetzlich zulässig. Der Vertrag darf jedoch nicht länger als bis zum Ende des Monats, der auf den Sterbemonat folgt, laufen. In diesen Fällen ermäßigt sich das vereinbarte Entgelt um den Wert der variablen Aufwendungen, die der Träger so spart. Abzulehnen sind Klauseln, die den Träger berechtigen, die laufenden Kosten auch dann noch zu erheben, wenn die frei gewordene Wohnung bereits durch einen neuen Bewohner genutzt wird.

In vielen Verträgen steht, dass die Hausordnung Bestandteil des Vertrages ist. Darum ist es wichtig, dass Sie die Hausordnung ebenso sorgfältig prüfen wie den Vertrag und überlegen, ob Sie damit leben können. Unzulässig sind Regelungen, wonach die Hausordnung Kleintiere, z. B. einen Vogel, oder den Besuch nach 20 Uhr verbietet. Sie müssen auch keine Regelungen akzeptieren, wonach der Einrichtungsträger die Hausordnung jederzeit ohne Ihre Zustimmung ändern oder ergänzen kann.

In Einrichtungen, die nach dem Heimgesetz arbeiten, sind die Bewohner durch ihre Vertreter im Heimbeirat berechtigt, bei der Heim- bzw. Hausordnung mit zuwirken.

Regelungen bei Eigentumswohnungen

Wenn Sie eine Wohnung in einer Wohnanlage nicht mieten sondern kaufen, untersteht dieser Kauf rechtlich dem Wohnungseigentumsgesetz. Beim Kauf einer Eigentumswohnung in Seniorenwohnanlagen gelten die normalen Bedingungen, wie sie auch sonst beim Erwerb von Wohneigentum zu beachten sind. Sie haben gemäß Wohnungseigentumsgesetz Sondereigentum an der Wohnung und Miteigentum an den Gemeinschaftsflächen erworben.

Beim Kauf einer Eigentumswohnung sollten Sie noch intensiver als beim Mietvertrag auf die Beschreibung der Wohnung achten. Allein dadurch, dass gewisse Ausstattungsmerkmale nicht genannt sind, könnten noch erhebliche Kosten auf Sie zukommen. Achten Sie außerdem darauf, ob weitere Nebenkosten wie Erschließungsgebühren oder Architektenhonorare anfallen.

Wenn Sie sicher gehen wollen, dass die Wohnungen nur von Senioren genutzt werden sollen, kann diese Zweckbindung in der Teilungserklärung festgelegt und im Grundbuch gesichert werden. Beim Kauf von Eigentumswohnungen kommt der so genannten Teilungserklärung eine erhebliche Bedeutung zu. Sie enthält Erklärungen über Aufteilung und Größe der Wohn- bzw. Teileigentumseinheiten. An die Vorschriften und Bedingungen sind Sie als Käufer fest gebunden: Sie sind Teil des Kaufvertrages und werden im Grundbuch eingetragen.

Einige Notare formulieren im Kaufvertrag vor, dass der Erwerber auf das Vorlesen und damit Erläuterung der Teilungserklärung verzichtet. Sie sollten grundsätzlich darauf bestehen, dass beim Kauf die dazugehörige Teilungserklärung vorgelesen, erklärt und besprochen wird.

Über Ausstattung und Umfang der Serviceleistungen bestimmt die Eigentümergemeinschaft. Die Meinungsbildung innerhalb der Miteigentümer erfolgt über die Eigentümerversammlung. In ihr werden auch die Modalitäten der Umlage der Gemeinkosten festgelegt und durch die Hausverwaltung umgesetzt. Mehrheitsbeschlüsse der Eigentümerversammlung sind für alle Eigentümer bindend. Wenn die Eigentümerversammlung beschließt, einen Betreuungsvertrag mit einem Dienstleister abzuschließen, ist dieser Beschluss für Sie und Ihre möglichen Rechtsnachfolger bindend.

Die Verpflichtung zur Zahlung der Betreuungspauschale kann auch als Reallast im Grundbuch eingetragen werden.

Eine Eigentumswohnung im betreuten Wohnen können Sie entweder selbst bewohnen oder weitervermieten. Wenn Sie die gekaufte Wohnung nicht selbst nutzen, sondern nur zur Vorsorge erwerben, haben Sie wahrscheinlich Interesse daran, dass der Kauferwerb mit einem Anwartschaftsrecht gekoppelt wird, für den Fall, dass Sie selbst doch einmal die Wohnung nutzen möchten. Solange kein eigener Bedarf besteht, soll die Wohnung vermietet und das Anwartschaftsrecht erst später geltend gemacht werden. Es kann aber zu Problemen kommen, wenn Mieter wegen Eigenbedarfsanmeldung ausziehen müssen. In der

Praxis werden hierfür oftmals folgende Vereinbarungen getroffen: Der Eigentümer kann die nächste frei werdende Wohnung in der Anlage zur Miete übernehmen und zieht dann erst später in seine eigene Wohnung oder der Mieter zieht in eine vergleichbare Wohnung um.

Wenn Sie selbst eine Wohnung von Einzeleigentümern anmieten und einen späteren Umzug vermeiden wollen, sollten Sie darauf drängen, dass im Vertrag die Kündigung wegen Eigenbedarfs ausgeschlossen wird.

Fragebogen

Allgemeine Angaben

- Adresse der Wohnanlage
- Bauträger/Vermieter
- Betreuungsträger
- Wohnungsanzahl, Wohnungsgrößen
- Fällt die Wohnanlage unter das Heimgesetz?
- Wird ein Heimvertrag oder ein Miet- und Betreuungsvertrag geschlossen?

Aufnahmebedingungen

- Gibt es Aufnahmebedingungen? Wenn ja, welche? (Altersbegrenzung, Erkrankungen, Einkommensgrenzen etc.)
- Gibt es Wartezeiten bzw. Wartelisten?
- Darf man auch bei Pflegebedürftigkeit bis an sein Lebensende in der Wohnanlage bleiben? Aus welchen Gründen muss man eventuell umziehen? Wer entscheidet über den Umzug?

Fragen zur Wohnung

Allgemeines

- Handelt es sich um eine abgeschlossene Wohneinheit mit Küche, Wohn-/Schlafraum und Bad/WC?
- Entspricht die Wohnung Ihren Bedürfnissen und Wünschen (Zuschnitt, Ausstattung, Himmelsrichtung etc.)?

Barrierefreiheit

- Ist die Wohnung barrierefrei nach DIN 18025, Teil 2 (bodengleiche Dusche, breitere Türen etc.)?

- Ist der Zugang zur Wohnung stufenlos?
- Sind die Türen und Flure weiträumig?
- Ist die Küche ausreichend geräumig?
- Falls die DIN 18025, Teil 2 nicht erfüllt ist: Darf die Wohnung altersgerecht umgebaut werden? Müssen die Umbauten bei Auszug wieder rückgängig gemacht werden?

Größe
- Hat die Wohnung eine angemessene Größe?
- Gibt es eine Abstellkammer?
- Gibt es Türen zwischen Küche und Wohnzimmer bzw. zwischen Wohnzimmer und Flur?
- Ist der Weg vom Schlafzimmer ins Bad nicht zu weit?
- Gibt es genügend Stellmöglichkeiten für Schränke?

Kosten für die Wohnung

Kosten bei Miete
- Kaltmiete pro Monat
- Nebenkosten
- Kosten für PKW-Stellplatz
- Instandhaltungsrücklage
- Anmeldegebühr
- Kaution oder Darlehen
- Maklerprovision
- Kosten für Grundleistungen (Grundpauschale)
- Kosten für Wahlleistungen
- Sonstige Kosten (Renovierung, Übernahme von Einrichtungsgegenständen)

Kosten bei Kauf
- Kaufpreis
- Grunderwerbssteuern

- Notargebühren
- Grundbucheintragung
- Eintragung von Sicherheiten
- Maklerprovision
- Anmeldegebühr
- Darlehen
- Sonstige Kosten (Renovierung, Übernahme von Einrichtungsgegenständen)

Fragen zur Wohnanlage

Außenbereiche der Wohnanlage
- Sind die Außenbereiche seniorengerecht (kein Pflaster, keine bzw. abgesenkte Stufen, schwellenlose Zugänge zu den Gebäuden)?
- Sind die Wege zwischen einzelnen Gebäuden überdacht und/ oder beleuchtet?
- Gibt es Sitzgelegenheiten im Außenbereich?
- Gibt es Frei- und Grünflächen? Sind diese gärtnerisch angelegt?
- Gibt es Parkplätze für Bewohner und/ oder Gäste?
- Sind die Mülltonnen gut zu erreichen und sind sie leicht zu öffnen?

Eingangs- und Zugangsbereiche
- Ist der Zugang behindertengerecht: breite Wege, breite Stufen, keine Treppen?
- Ist der Eingang überdacht?
- Können Pkws direkt vor der Tür halten?
- Sind Aufzüge stufenlos erreichbar und ist genügend Bewegungsfläche davor?
- Sind die Eingangstüren leicht zu öffnen?

- Sind die Briefkästen wettergeschützt und leicht zu erreichen?
- Gibt es eine Eingangshalle mit Rezeption und /oder Sitzgelegenheiten?
- Gibt es im Eingangsbereich eine Informationstafel?
- Haben die Zugänge, d. h. Flure und Treppen, beidseitige Handläufe?
- Sind die Treppenstufen maximal 0,18 m hoch und sind die Stufenkanten gut erkennbar und ohne Stolperkanten?
- Sind die Flure breit genug (mind. 1,20 m)?
- Sind die Flure ansprechend gestaltet? Gibt es Sitzgelegenheiten?
- Gibt es eine Beschilderung oder farbliche Kennzeichnung der Stockwerke, um die Orientierung zu erleichtern?

Welche Gemeinschaftsräume sind vorhanden?

- Büro/Sprechzimmer
- Aufenthaltsraum
- Veranstaltungsraum
- Cafeteria/Restaurant
- Kiosk/Einkaufsladen
- (Pflege-)bad außerhalb der Wohnung
- Gästewohnung
- Waschküche/Trockenraum
- Abstellräume
- Keller
- (Tief-)garage

Lage der Wohnanlage

- Einkaufsmöglichkeiten gut erreichbar
- Post, Bank, Arzt gut erreichbar
- Haltestelle/Taxistand in der Nähe
- Gaststätte, Café in der Nähe

- Fahrdienst bei Bedarf
- Pflegeheim in direkter Nachbarschaft

Fragen zum Grundservice

Haustechnik

- Gibt es einen Telefonanschluss/eine Telefonanlage und wie viel kostet eine Einheit?
- Kann man untereinander im Haus kostenlos telefonieren?
- Gibt es einen Anschluss für Fernsehen und Rundfunk? Wie hoch sind die monatlichen Kosten?
- Gibt es einen Hausmeister?
- Ist sein Aufgabenbereich schriftlich festgelegt?
- Übernimmt er auch kleinere Reparaturen? Müssen diese extra bezahlt werden?
- Wie ist er erreichbar? Gibt es eine Vertretung für Wochenenden, Urlaub und Krankheit?
- Wird die Haustechnik regelmäßig gewartet?

Notrufservice

- Welches Notrufsystem: verkabelt oder über Telefonanlage?
- Kann das Notrufsystem bei Bedarf gewählt werden oder ist es ein Regelangebot?
- Ist der Notruf von mindestens zwei Stellen in der Wohnung erreichbar?
- Kann auch ein Funkfinger (drahtloser Notruf) angeschlossen werden?
- Ist die Notrufstelle stets persönlich erreichbar?
- Liegen dort die Daten des Anrufers vor?
- Wie lange dauert es, bis Hilfsmaßnahmen eingeleitet werden (max. 15 min)?

- Werden im Notfall Angehörige oder der zuständige Arzt benachrichtigt?

Betreuungsservice

- Wird ausführlich über die Leistungen und Grenzen des Betreuungsservice beraten?
- Ist der Aufgabenbereich schriftlich festgelegt?
- Ist eine regelmäßige Anwesenheit/Sprechzeit gewährleistet?
- Wie sehen die Beratungsleistungen der Betreuungskraft aus?
- Werden regelmäßig Gemeinschaftsveranstaltungen organisiert?
- Gibt es auch an Wochenenden Freizeitangebote?
- Wie wird der Aufbau einer Hausgemeinschaft organisiert bzw. unterstützt?

Fragen zum Wahlservice

Pflegeleistungen

- Gibt es in der Einrichtung einen Pflegedienst? Hat er einen Versorgungsvertrag mit der Pflegekasse?
- Ist der Pflegedienst frei wählbar?
- Arbeitet der Pflegedienst nach einem Pflegekonzept?
- Ist gewährleistet, dass immer von den gleichen Pflegekräften betreut wird?
- Vermittelt der Pflegedienst auch andere therapeutische oder pflegerische Leistungen wie Krankengymnastik, Massagen, Logopädie, Fußpflege etc.?
- Wird auch bei langer und schwerer Pflegebedürftigkeit die Pflege in der Wohnung gewährleistet?
- Gibt es in der Einrichtung ein Pflegebad? Gibt es eine eigene Pflegeabteilung?

- Gibt es Gründe, weswegen ein Bewohner in ein Pflegeheim umziehen muss?
- Gibt es eine Betreuung für verwirrte Bewohner?

Hauswirtschaftliche Leistungen

Verpflegung:
- Gibt es ein Restaurant oder eine Cafeteria? Wie sind die Öffnungszeiten?
- Gibt es einen Zimmerservice?
- Welche Mahlzeiten werden angeboten?
- Kann man sich kurzfristig von den Mahlzeiten an- und abmelden?
- Wie ist die Atmosphäre im Restaurant?
- Gibt es einen Einkaufsdienst?

Wäscheversorgung:
- Gibt es einen Wäscheservice im Haus oder wird auf Wunsch einer vermittelt?
- Wird die Wäsche in die Wohnung gebracht und abgeholt?
- Muss die Wäsche gekennzeichnet werden?
- Gibt es die Möglichkeit selbst zu waschen? Stehen Waschmaschinen und Trockner dafür zur Verfügung?

Reinigung:
- Wer übernimmt die Wohnungsreinigung?
- Ist der Reinigungsdienst frei wählbar?
- Was gehört zu den Reinigungsleistungen?
- Gehört zum Reinigungsdienst auch das Fensterputzen?
- Wie oft erfolgt die Wohnungsreinigung?
- Reinigt immer dieselbe Reinigungskraft?
- Werden bei den Reinigungszeiten Ihre Wünsche (zeitlich, organisatorisch) berücksichtigt?
- Wenn die Reinigung selbst übernommen wird, reduziert sich dann der monatliche Betrag?

Vertragsgestaltung

- Fällt die Einrichtung unter das Heimgesetz?
- Hat die Einrichtung einen Versorgungsvertrag mit der Pflegekasse?
- Wird ein verbindlicher Einzugstermin im Vertrag genannt?
- Welche ordentlichen Kündigungsfristen bestehen?
- Gibt es ein Recht zur außerordentlichen Kündigung?
- Bei Eigentumswohnungen: Wird eine Kündigung wegen Eigenbedarf ausgeschlossen?
- Endet der Vertrag automatisch mit dem Tod? Kann der Ehepartner in der Wohnung verbleiben, wenn der andere Partner stirbt?
- Gibt es ein Mitspracherecht bei Kostenerhöhungen?
- Sind die einzelnen Leistungen im Vertrag ausführlich aufgelistet oder ist ein Konzept Vertragsbestandteil?
- Werden Lage, Größe und Ausstattung der Wohnung genau beschrieben (Barrierefreiheit)?
- Gilt die Hausordnung als Vertragsbestandteil?
- Gibt es Regelungen über einen Auszug bei bestimmten Krankheiten bzw. Pflegebedürftigkeit?
- Können Sie die Anbieter für Service- oder Pflegeleistungen frei wählen?
- Welche zusätzlichen Kosten werden vor dem Einzug verlangt (Kaution, Darlehen)? Wie ist die Rückzahlung/Verzinsung geregelt?

Weiterführende Adressen/Literatur

Allgemein

- Bagso
  Bundesarbeitsgemeinschaft
  der Senioren-Organisationen e.V.
  Eifelstraße 9
  53113 Bonn
  0228/24999-30
  www.bagso.de
  → *Informationen zu alternativen Wohnformen und zum Qualitätssiegel der BAGSO*

- Bundesverband Graue Panther e.V.
  Greifswalder Straße 4
  10405 Berlin
  030/2041229
  www.bv-graue-panther.de
  → *Informationen zum Thema „Wohnen im Alter"*

- Sozialministerien der Länder
  → *Informationen zu regionalen Wohnangeboten und zu länderspezifischen Qualitätssiegeln*

- Deutscher Mieterbund e.V.
  Aachener Straße 313
  50931 Köln
  0221/94077-0
  → *Rechtsberatung zum betreuten Wohnen*

- Kuratorium Deutsche Altershilfe (KDA)
  An der Pauluskirche 3
  50677 Köln
  0221/ 931847-38
  www.kda.de
  → *Informationen über betreutes Wohnen und alternative Wohnformen, Datenbank „Wohnen im Alter“*

Betreutes Wohnen/Wohnstifte/Seniorenresidenzen

- Landesbausparkasse (LBS): Wohnen mit Service. 1999, Köln
  → *Bundesweites Adressenverzeichnis für betreutes Wohnen/Wohnstifte/Seniorenresidenzen*

- www.immobilienscout24.de
  → *Adressen von betreuten Wohnanlagen, Wohnstiften und Seniorenresidenzen*

- Verein Betreutes Wohnen e.V.
  Reinsburgstraße 46
  70178 Stuttgart
  0711/61926-0
  → *Informationen zum Thema betreutes Wohnen*

- Saup, Winfried: Ältere Menschen im Betreuten Wohnen. Augsburg, 2001
  → *Studie zu Erwartungen, Einschätzungen und Gesundheitszustand von Bewohnern betreuter Wohnanlagen*

Alternative Wohnformen

- Forum für gemeinschaftliches Wohnen (FgW)
  Hohe Straße 9
  30449 Hannover
  0511/924001-827
  www.fgwa.de
  → *Informationen/Adressenliste geplanter bzw. realisierter Wohnprojekte und der regionalen Beratungsstellen*

  Beratung beim Aufbau eines eigenen Wohnprojekts

- Wohnbund e.V.
  Aberlestraße 16
  81371 München
  089/74689611
  www.wohnbund.de
  → *Informationen/Adressenliste geplanter bzw. realisierter Wohnprojekte und der regionalen Beratungsstellen*

- www.neue-wohnformen.de
  → *Informationen zum Thema Wohnprojekte*

- Walberg, D./Innenministerium des Landes Schleswig-Holstein/Arbeitsgemeinschaft für zeitgemäßes Bauen e.V. (Hrsg.): Leitfaden für Gruppenwohnprojekte und innovative Wohnkonzepte. Kiel, 1999

- Pohylmann-Rohr, Hücking (WohnBund-Beratung NRW GmbH/Ministerium für Jugend, Familie und Gesundheit des Landes NRW): Kooperation zwischen Wohngruppen und

Wohnungsbauunternehmen – Ein Leitfaden für die gemeinsame Realisierung von neuen Wohnformen. Bochum

- Fuchs, D./Orth, J.: Bauen in der Gruppe (Wie man ein Gruppenbauprojekt plant und realisiert). Callwey, 2002

Österreich

- Seniorenbüros der Städte bzw. Gemeinden
  → *Adressen und Informationen zu Wohnformen für ältere Menschen*

- www.seniorenheimfuehrer.at
  Adress-Datenbank von Senioreneinrichtungen in Österreich

Beratung und Informationen bieten u.a. Wohlfahrtverbände, die teilweise auch Träger von betreuten Wohnanlagen sind:

- Caritas Österreich
  Albrechtskreithgasse 19-21
  1160 Wien
  0043-1-48831-400
  www.caritas-austria.at

- Diakonie Österreich
  Trautsongasse 8
  1080 Wien
  0043-1-4098001
  www.diakonie.at

Schweiz

- Information und Beratung rund um das Thema „Wohnen im Alter", Suchmaschine für Wohnpartnerschaften, die es erlaubt, gleich gesinnte Partnerinnen und Partner für eine Wohn- oder Hausgemeinschaft zu finden
  → *www.wohnform50plus.ch*

- Pro Senectute Schweiz
  Lavaterstraße 60
  Postfach
  8027 Zürich
  Telefon 044 283 89 81
  www.pro-senectute.ch
  → *Beratung bei allen Fragen der Lebensgestaltung im Alter*

Städte oder Gemeinden bieten teilweise Beratungsstellen für den Bereich „Wohnen im Alter" an.

Glossar

Ambulante Pflege

Professionelle Pflege, die in der Privatwohnung stattfindet, wird als ambulante Pflege bezeichnet. Ambulante Pflegedienste, auch als Sozialstationen bezeichnet, übernehmen stundenweise Aufgaben wie Grundpflege (Waschen, Anziehen, Hygiene etc.) oder Behandlungspflege (Verbände, Spritzen etc.).

Alternative Wohnformen

Unter alternativen Wohnformen versteht man neue Wohnkonzepte, die noch nicht weit verbreitet oder etabliert sind. Oft werden neue Formen des Zusammenlebens und Wohnens verwirklicht. Die Initiative für solche Wohnprojekte geht meist von interessierten potentiellen Bewohnern aus, die für sich selbst eine Alternative zu herkömmlichen Wohn- und Lebensformen suchen.

Betreutes Wohnen

Unter dem Begriff betreutes Wohnen werden Wohnanlagen verstanden, die ein selbstständiges Wohnen in der eigenen Wohnung mit bestimmten Serviceleistungen verbinden. Wesentliche Merkmale betreuter Wohnformen sind altersgerechte Wohnungen, jederzeit verfügbare Betreuungsleistungen und bei Bedarf Pflegeleistungen.

DIN-Norm

DIN-Normen sind vom Deutschen Institut für Normung e.V. herausgegebene technische Richtlinien. Sie haben den Zweck, allgemein anerkannte Regeln der Technik zu schaffen, damit in

Rechtsvorschriften oder in privatrechtlichen Verträgen auf diese Norm Bezug genommen werden kann.

Es existieren DIN-Normen zur Barrierefreiheit, nämlich die DIN 18025 Teil 1 – rollstuhlgerecht für den privaten Wohnungsbereich und Teil 2 – barrierefrei für den privaten Wohnungsbereich. Diese wird gerade neu gefasst zur DIN 18030 „Barrierefreies Bauen".

Die DIN-Norm 77800 „Betreutes Wohnen" soll noch in diesem Jahr Standards vornehmlich für das Dienstleistungsangebot Betreuter Wohnanlagen beschreiben.

Grundleistungen

Grundleistungen sind die Leistungen, die verpflichtend sind und mit einer Grundpauschale abgedeckt werden. Meist gehören dazu im betreuten Wohnen Betreuungsleistungen, Hausnotruf und Hausmeisterdienste. In Wohnstiften/Seniorenresidenzen gibt es meist umfangreichere Grundleistungen.

Heim

In einem Heim, auch als Altenheim oder Altenpflegeheim bezeichnet, werden ältere und pflegebedürftige Menschen versorgt und betreut. Neben der Wohnung/Zimmer und der Verpflegung findet eine umfassende pflegerische Betreuung rund um die Uhr statt. In einem Heim stehen die Versorgung und Sicherheit im Mittelpunkt, weniger das selbstständige Wohnen.

Grundlage für das Betreiben eines Heims ist das Heimgesetz, das Vorschriften für die bauliche Gestaltung, die Qualität der Leistungen und Mitspracherechte der Bewohner enthält.

Wohnstifte/Seniorenresidenzen müssen aufgrund der Vollversorgung, die sie anbieten, als Heim im Sinne des Heimgesetzes geführt werden.

Heimgesetz

Das Heimgesetz gilt für Altenheime, aber auch für die meisten Wohnstifte/Seniorenresidenzen. Es schreibt vor, welche baulichen Standards gelten, wie viel Fachpersonal vorgehalten werden muss und regelt die Mitwirkungsrechte der Bewohner. Die Heimaufsicht überwacht die Einhaltung dieser Standards, bei ihr können sich Bewohner auch informieren und beschweren.

Integriertes Wohnen

Integriert nennt man Wohnprojekte dann, wenn neben mehreren Generationen auch ganz bewusst verschiedene Bevölkerungsgruppen zusammenwohnen. Seien es Singles, kinderreiche Familien, Behinderte oder Migranten, alle verstehen sich als Teil einer Gemeinschaft, die sich durch Nachbarschaftshilfe gegenseitig unterstützt.

Mehrgenerationenwohnen

Bei dieser Wohnform leben jüngere und ältere Menschen gemeinsam in einer Wohnanlage oder auch in einem Haus zusammen. Das Ziel ist im Prinzip eine Art „Wahlgroßfamilie“, in der die Älteren die Jüngeren unterstützen und umgekehrt.

Pensionspreis

Siehe Wohnentgelt

Projekt

Projekt bedeutet allgemein ein Vorhaben, das noch im Entstehen ist. Ein Projekt hat einen Beginn und ein definiertes Ende und unterteilt sich meist in verschiedene Phasen, dem Projektverlauf.

Regelleistungen
Siehe Grundleistungen

Service-Wohnen
Siehe betreutes Wohnen

Sonderleistungen
Siehe Wahlleistungen

Stationäre Pflege
Wenn die ambulante Pflege in den eigenen vier Wänden nicht mehr ausreicht, ist eine stationäre Pflege in einem Heim notwendig. Dort ist Pflege und Betreuung rund um die Uhr möglich.

Wahlleistungen
Wahlleistungen sind die frei wählbaren Leistungen im betreuten Wohnen bzw. Wohnstiften/Seniorenresidenzen. Sie können bei Bedarf gewählt werden und müssen auch nur dann bezahlt werden.

Wohnentgelt
Die Kosten für die Miete, die Nebenkosten und die Grundleistungen werden in Wohnstiften/Seniorenresidenzen als Wohnentgelt bezeichnet.

Kurzbiografie der Autorin

Mona Schöffler, Diplom-Oecotrophologin und Gesundheitswissenschaftlerin. Sie arbeitet seit 2001 als selbstständige Beraterin, Dozentin und Fachautorin. Ihre Themenschwerpunkte sind Öffentlichkeitsarbeit und Konzeptberatung für soziale Einrichtungen. Sie lebt und arbeitet in Berlin.

Patientenrecht und Selbstbestimmung ist ein Thema, das auf den Nägeln brennt. Namhafte Experten informieren über das Thema aus ethischer, medizinischer, rechtlicher Sicht sowie aus der Sicht der Patienten und geben Entscheidungshilfen, die je individuell richtige Vorsorge treffen zu können:

- Entwicklung der Patientenverfügung seit Ende der 70er Jahre bis heute
- Praktische Probleme bei der Therapiebegrenzung auf der Intensivpflegestation
- Die Patientenverfügung in der Rechtsprechung des BGH
- Die Bestellung eines Betreuers bei fehlender Patientenverfügung oder Vollmacht
- Aktuelle Überlegungen zu den laufenden Gesetzgebungsverfahren

Der Anhang bietet
vielfältigen praktischen Nutzen:

> Checkliste Patientenverfügung, Vorsorgevollmacht, Betreuungsverfügung
> Auszüge aus der Standard-Patientenverfügung des Humanistischen Verband Deutschlands
> Glossar, Weiterführende Literatur, Internetlinks

Dr. Dr. Tejas Alexander, Bernd Sieber, Christian Hinze (Hrsg.)

■ **Patientenrecht und Selbstbestimmung**

Das können Sie tun, um richtig vorzusorgen
128 Seiten, gebunden, mit Leseband
Format: 14,8 x 21 cm
ISBN-10: 3-7806-3029-X
ISBN-13: 978-3-7806-3029-2

Die medizinische Forschung der letzten Jahrzehnte hat unser Verständnis der Ursachen des Alterns wesentlich erweitert. Wildor Hollmann stellt die Alterungsvorgänge im Körper fachlich fundiert dar und zeigt anschaulich, welchen Einfluss Bewegung, geistige Aktivität und positive Lebenseinstellung auf den Organismus ausüben, indem sie die Lebensqualität entscheidend verbessern. Das Buch ist kein neues Fitnessprogramm, bietet aber einfache, leicht umsetzbare Trainingsempfehlungen, die auch in höherem Alter umgesetzt werden können und keiner kurzfristigen Mode folgen. Mit vielen Grafiken.

Wildor Hollmann
■ **Gesund und leistungsfähig bis ins hohe Alter**
128 Seiten, gebunden,
mit Leseband
Format: 14,8 x 21 cm
ISBN-10: 3-7806-3008-7
ISBN-13: 978-3-7806-3008-7

Aus dem Inhalt:
> Warum altern wir?
> Welche Vorgänge spielen sich beim Altern in den einzelnen Körpersystemen ab?
> Wie kann man Alterungsprozessen effektiv entgegenwirken?
> Welchen Einfluss haben körperliche und geistige Aktivität auf den Organismus?
> Vorbeugungsmöglichkeiten und einfache Trainingsanregungen

www.kaufmann-verlag.de
Kaufmann Verlag Postfach 22 08 · 77912 Lahr
Telefon 0 78 21 / 93 90-0
Telefax 0 78 21 / 93 90-11
info@kaufmann-verlag.de